CARLOTA, EMPERATRIZ DE MÉXICO

CARLOTA, EMPERATRIZ DE MÉXICO

Un destino difícil

Marcela Altamirano

Grupo Editorial Tomo, S.A. de C.V.
Nicolás San Juan 1043
03100 México, D.F.

1a. edición, octubre 2003.

© Grupo Editorial Tomo, S.A. de C.V.
   Carlota. Emperatriz de México

© 2003, Grupo Editorial Tomo, S.A. de C.V.
   Nicolás San Juan 1043, Col. Del Valle
   03100 México, D.F.
   Tels. 5575-6615, 5575-8701 y 5575-0186
   Fax. 5575-6695
   http://www.grupotomo.com.mx
   ISBN: 970-666-806-3
   Miembro de la Cámara Nacional
   de la Industria Editorial No 2961

Proyecto: Marcela Altamirano
Diseño de Portada: Trilce Romero
Formación Tipográfica: Servicios Editoriales Aguirre, S.C.
Supervisor de producción: Leonardo Figueroa

Impreso en México - *Printed in Mexico*

Contenido

Prólogo

Princesa de Bélgica, archiduquesa de Austria, emperatriz de México, Carlota Amalia Augusta Victoria Clementina Leopoldina de Sajonia Coburgo y Orleáns ha sido registrada por la Historia como una mujer fuerte, inteligente, empeñada en hacer el bien, trabajadora, dedicada a su obra, exigente "quizá" consigo misma, pero también con los demás; valiente, ambiciosa y llena de energía, pero inaccesible y desdeñosa para los que no estaban a su altura social.

Se casó a los 17 años con el apuesto Maximiliano, príncipe de Habsburgo, hermano del rey de Austria, a quien una y otra vez le trató de conseguir algún trono en cualquier rincón de Europa. Allá no lo logró. Por eso se puede entender por qué lo convenció para que aceptara la corona de México. Ellos, como pareja, no pueden sumarse a la lista de los grandes enamorados en la Historia Universal.

Carlota había sufrido tensiones emocionales muy profundas desde el momento que a Maximiliano lo nombraron emperador de un país lejano. La renuncia que se obligó a hacer al archiduque de sus derechos eventuales al trono austriaco, más tarde la firma del Concordato y finalmente tener que depender de la voluntad de un soldado como el mariscal francés Bazaine, y más grave aún, que el monarca que los había impulsado a reinar en México les retiraba su ayuda, minó su espíritu, debilitó su mente y al enfrentarse a la dura realidad provocó en ella la demencia.

Pero, ¿qué fue realmente lo que la volvió loca? ¿El fracaso de su Imperio, el fracaso de su amor o el fracaso de su maternidad nunca lograda? ¿O es que, como algunos dicen, su demencia respondía solamente a causas hereditarias?

No es el objetivo de estas páginas reconstruir la situación interna de una época conflictiva de la nación mexicana por circunstancias históricas singulares, las cuales sirvieron de marco al efímero paso del emperador Maximiliano y la emperatriz Carlota por la Historia de México. Pero sí ha sido necesario dar seguimiento a los actos del emperador para poder trazar la figura de la emperatriz, a quien veremos desenvolverse en Europa frente a poderosos gobernantes, con su corte y ante su gabinete de trabajo. La seguiremos en las travesías y en los viajes por tierra. Estaremos presentes en las suntuosas recepciones de que fue objeto cuando era emperatriz de México. Y también seremos mudos testigos de sus síntomas de demencia.

Los actos de esta valiente y decidida mujer, llena de energía, preocupada por desempeñar bien su misión en la tierra que gobernaba su marido y su trabajo por los menesterosos y por las mujeres indígenas de México, hacen a Carlota una figura relevante en la Historia. Quizá su vida no fue tan difícil aunque sí igual de trágica que la del efímero emperador del Segundo Imperio, pues perdería la razón a los 27 años y viviría, todavía, sesenta más, cargando con sus recuerdos deshilvanados.

M. A.

I

Princesa de Bélgica

Niña precoz

María Carlota Amalia Augusta Victoria Clementina Leopoldina de Bélgica nació en el castillo de Laeken, cerca de Bruselas, el 7 de junio de 1840, a la una de la mañana. Fue hija del legítimo matrimonio del viejo Leopoldo I, de la casa de Sajonia-Coburgo-Gota y de la reina Luisa María de Orleáns, (hija mayor del monarca francés Luis Felipe I de Orleáns) con la que se casó en segundas nupcias. Así pues, Carlota no era neófita del trono. La prematura muerte de su madre la había introducido desde muy temprana edad a las graves enseñanzas políticas de su padre y a las lecciones soberanamente místicas de la condesa de Hulst, su institutriz, y de su preceptor, el padre Dechamps, redentorista, futuro arzobispo de Malinas.

Carlota Amalia recibió una educación muy rígida y lo más probable es que su infancia jamás se haya visto alegrada por una sonrisa. La princesita, que a la edad de dos años y medio hablaba ya como una persona mayor, con frases claras y bien construidas gramaticalmente, frecuentará poco los autores profanos; pero compulsará los teólogos más austeros como San Alfonso de Ligorio, y escribirá en sus narraciones infantiles:

> Dios pedirá estrecha cuenta a los príncipes, a quienes ha confiado una parte de su grandeza y de su poder, y

les ha impuesto también el deber de velar por la salud de los pueblos cuyo gobierno tienen.

A muy corta edad Carlota sorprendió a la familia real porque aprendió de memoria los nombres de todos los reyes de Inglaterra, desde Haroldo hasta su tío Guillermo IV. La premiarían por ello con una casa de muñecas, y su padre —a quien ella llamaba papá Leopich— le recomendaría que así como tenía que ordenar su casa de muñecas, cada noche de cada día ordenara su conciencia, la cual debía estar siempre inmaculada.

Después de que murió su madre, Carlota, que tenía sólo diez años, siempre estuvo dispuesta a suplirla en los actos de la corte y de la familia, preocupándose por sus hermanos Leopoldo —el conde de Flandes— y Felipe —el duque de Bramante—, con quienes creció y fue educada, y hasta aprendió a bailar. En ese entonces era una niña espigada de cabellos castaños que todavía jugaba a deslizarse por el barandal de las escaleras del palacio pero que también jugaba a estarse quieta para la eternidad en algún rincón de los extensos jardines de Laeken.

Cuando su padre la invitó por primera vez a cenar con las personas mayores, la coronaron con rosas y la llenaron de regalos. Fue como su presentación en sociedad. Después, cada año la llevaban de viaje a visitar a su abuela María Amelia que vivía en Claremont, Inglaterra. Ahí conoció a su prima Victoria, la reina de ese país y a su esposo Alberto.

La princesa había logrado desarrollar a plenitud diversos aspectos de su persona. Fue aficionada a la natación, el piano, la pintura, la literatura, la filosofía y la historia. Igualmente llegó a dominar varios idiomas: francés, alemán, inglés, italiano y español. Apenas cumplió los dieciséis años cuando ya estaba pidiendo su mano el rey de Portugal, don Pedro V. Pero no la habían acostumbrado ni a la humildad ni a la benevolencia y permitieron que lo rechazara no sin mostrar un dejo de altivez y orgullo en su respuesta. "Los portugueses son unos orangutanes, —le había advertido la condesa de Hulst—. Casi no poseen recursos; en ese país no vas a encontrar ni un solo sacerdote que te entienda".

Y como Carlota se sentía toda una teóloga, muy aferrada a principios que creía inatacables, como suelen serlo las jóvenes elitistas esmeradamente preparadas para el dogmatismo y muy perseverantes en las ideas de sus educadores, rechazó sin ningún miramiento al pretendiente. Su liberalismo, considerado por ella muy moderno, era simplemente más intransigente. "¿Qué haría yo en Portugal?" —se preguntaba horrorizada.

También desechó al príncipe Jorge de Sajonia, pero el archiduque Fernando Maximiliano de Habsburgo, que fue a Bélgica tuvo mejor suerte.

En aquella época se llegó a decir que este apuesto joven era hijo adulterino del duque de Reichstadt y, por tanto, nieto de Napoleón. Sin embargo, esto no fue otra cosa que parte de una leyenda. Fernando Maximiliano de Habsburgo nació en el castillo de Schönbrum y era descendiente de los archiduques de Austria Francisco Carlos y Sofía, y hermano menor de Francisco José, el emperador de Austria. Como éste, había recibido una esmerada educación liberal y era el primero en las gradas del trono: un personaje de los más distinguidos de Europa y del mundo. Cuando pretendió a Carlota tenía veinticinco años, y ya era contraalmirante y comandante en jefe de la flota austrohúngara; además, se rumoraba que no tardaría en ir a gobernar el reino de Lombardía y Venecia. A su lado, todas las ambiciones estaban permitidas, aun las más virtuosas, pues aquel muchacho alto y rubio, a pesar de su boca sensual y de su continente vienés, era piadoso, constructor de catedrales, aficionado a las peregrinaciones y devoto de reliquias. ¿Cómo no iba a impresionar a Carlota? Antes de descubrir a nadie sus sentimientos, la jovencita los confió a su director espiritual.

"¡Qué felicidad!, —escribiría ella más tarde—. En ello se ha visto el dedo de Dios. Ayer comulgué en acción de gracias. No me atrevo a decir más..." Y se preparó para casarse leyendo a San Francisco de Sales y a monseñor Dupanloup.

La boda con Maximiliano de Austria

Carlota contrajo nupcias con Maximiliano el 27 de julio de 1857. Ella tenía 17 años y Maximiliano 25. La ceremonia se realizó en presencia de la reina María Amalia, el príncipe Alberto, marido de la reina Victoria de Inglaterra; el gran duque de Sajonia-Coburgo y el archiduque Carlos Luis, gobernador de Tirol. La joven princesa brilló ahí con su fino traje de satén blanco, su inmenso velo de encaje de Bruselas que semejaba un manto Real, y una diadema de flores de azahar en la que centellaban las piedras preciosas. Un mes después, el 6 de septiembre, fue aclamada por su distinción y belleza cuando hizo su entrada solemne en Milán, donde los jóvenes esposos fueron nombrados virreyes.

Desde el principio de su matrimonio, Maximiliano encontró en ella una excelente consejera, así como de una esposa. A petición de Leopoldo I, el emperador de Austria accedió nombrar al archiduque gobernador del reino de Lombardía y Venecia.

Ni un segundo siquiera pudo sospechar que en aquella tierra lombarda, ella encarnaba un poder justamente aborrecido. Tomaba en serio las arengas del *podestá* (antiguo Magis-

Desde el principio de su matrimonio, Maximiliano encontró en Carlota a una excelente consejera, además de una esposa.

trado de Venecia), conde de Sebregondi, los estribillos de las canciones austriacas, el himno nacional y la Brabanzona; los vivas previamente ensayados y los festejos con fuegos artificiales. Las ideas de nacionalidad, la libertad de los pueblos y el derecho de las razas a disponer de sí mismas, aun siendo jóvenes, no le interesaban. Consideraba que su corona de rosas entrelazadas con diamantes, la investía de una especie de apostolado. En aquella Italia revolucionaria, el embargo que los señores del Sacro Imperio operaban sobre los bienes de los que les negaban fe y homenaje representaba la verdad, la religión, la moral, el bien bajo sus múltiples formas. Carlota concentraba toda su energía en una labor que consideraba un deber sagrado.

Semejante convicción era capaz de cegar a cualquiera. En aquel país, que desde medio siglo atrás venía resistiendo la opresión tudesca y que pronto iba a desprenderse de ella para siempre, la joven virreina no advertía oposición alguna ni sospechaba que la odiaban. Todo le encantaba. Reinaba y ese era su elemento natural. "No sé —decía— si es una gracia especial que debo a Dios; pero lo cierto es que las recepciones me distraen, las reuniones y los banquetes me divierten sin abrumarme nunca. Todo eso me fastidiará, tal vez, cuando tenga más años; pero todavía me encuentro en el feliz momento en que todo tiene su encanto y novedad".

Y el 2 de diciembre escribía a la condesa de Hulst:

He pasado el día de mi santo en Monza. Mi amado esposo me ha hecho muchos regalos y toda mi nueva familia me ha felicitado por telégrafo. Todos son muy buenos conmigo y tengo la suerte de estar rodeada de cariño y de todo lo que puede constituir la dicha; dichosa en mi interior cuanto es posible serlo; dichosa por habitar este hermoso país, donde todo me es simpático, donde todo llega al corazón. No sé cómo dar gracias a Dios por haberme dado todo.

Hasta ahora no he encontrado una sombra en el cuadro que acabo de trazar; bien sé que la vida terrenal no puede ser perdurablemente de color de rosa; pero estos años que ahora paso, serán siempre dulces y caros recuerdos de una felicidad perfecta.

Tenía pocos meses de casada —y qué mejor vida podía desear—. Cumplía puntualmente sus deberes de soberana: los artistas la retrataban vestida con el traje lombardo; visitaba los hospitales y las escuelas, asistía en traje de gala a todas las ceremonias. Ya tenía dieciocho años.

Por ese tiempo, después de medio siglo, se resucitó en Venecia la procesión del día de Pascua. La virreina asistió con un traje blanco de moaré antiguo, y un manto de tela púrpura bordado con hilo de oro que le cubría los hombros. Sobre sus cabellos castaños llevaba una corona engarzada de diamantes a la que hacía resaltar más una toca color escarlata. Vestida así cruzó triunfalmente toda la ciudad y apareció al lado de Maximiliano en lo alto de la escalinata de los dux. Él vestía de almirante austriaco con el collar del Toisón de Oro, y lucía imponente. Al son de las campanas de San Marcos, el canto de los sacerdotes y la llamada estridente de las comparsas, la joven Carlota saboreaba en dulce arrobamiento aquella realeza movible como las olas del Adriático, reluciente y cambiante como el sol de Venecia.

No pasaría mucho tiempo en que los acontecimientos de la guerra de Italia interrumpieran la pacífica y feliz existencia de Carlota, que sorprendida tuvo que encerrarse en sus palacios para evitar los insultos y los gritos de los patriotas, a quienes tomaba por facciosos. No comprendía qué era lo que estaba pasando y por qué. ¡Ella, que había repartido limosnas y sonrisas! ¡Y Maximiliano, tan atento, tan trabajador y tan bueno! Las palabras de Manín la dejaron estupefacta: "¡No pedimos que Austria se haga más humana; pedimos que se vaya!" A esto respondían los cañones de Magenta y de Solferino. La virreina los oía indignada.

Francia entró en juego pero en beneficio del pueblo italiano. Cuando volvió a encontrarse en Trieste cerca de su marido, bruscamente rebajado al mando subalterno de la flota a las órdenes del mariscal de campo alemán, gobernador de la fortaleza de Venecia, sufrió atrozmente. No sólo en su orgullo, sino sobre todo, en la concepción mística del papel que le habían dado su educación, sus lecturas, sus meditaciones y sus rezos. Carlota no se explicaba "por qué no dejaban a los reyes cumplir su deber, asegurar la felicidad de los pueblos que Dios les había confiado al no permitírseles permanecer entre ellos. ¿Por qué soberanos como Napoleón III, emperador de los franceses le hacía el juego a una banda de amotinados?"

El archiduque se consoló de su desgracia con más facilidad. Mandó construir un castillo en la costa de Istría sobre un espolón de roca calcárea que avanzaba atrevidamente en el mar, por lo que lo llamó Miramar. El sitio se encontraba a seis kilómetros al Noroeste de Trieste en medio de grupos de palmeras, naranjos y magnolias. Allí recogía sus decepcionados sueños y los mecía escribiendo versos.

Maravillosa y mágica morada a la que se tiene acceso a través de escaleras de mármol orladas con jarrones de pórfido. La "logia", el campanil, las ventanas gemelas, las terrazas dan sobre el doble infinito del cielo y de las olas. Ahí se está en perpetua franquía, lejos de los avatares de la vida. Maximiliano, que ante todo era un gran marino, que había recorrido ya el Mediterráneo de punta a punta, se abandonaba totalmente a la ilusión en ese lugar. Su cuarto parecía el camarote de un barco. Aquel ambiente le ayudaba a olvidar sus ambiciones de la víspera y sus preocupaciones del día siguiente, a través de la ociosa existencia de los príncipes sin reino y sin mando.

Miramar obraba de manera muy diferente en la archiduquesa. No sentía inclinación alguna "a estar contemplando el mar desde una roca hasta la edad de setenta años". Andaba en aquella suntuosa mansión de un lado a otro como leona enjaulada. De mal humor por la catástrofe, cuya próxima posibilidad ni siquiera había sospechado, no sentía ya por su marido la apasionada admiración que en otro tiempo tomó por amor. Las mujeres de esa especie rara vez ven con exactitud a aquellos que tienen cerca: unas veces los elevan sobre un pedestal desmesurado, otras los dejan caer al abismo.

"¿Es posible que un Habsburgo —se lamentaba Carlota— que tal vez tiene en las venas sangre de Napoleón, se resigne, antes de los treinta años, al papel de marino dentro de una habitación, o de monarca teórico? ¿Por qué se somete a ser engañado de ese modo por su mal hermano, ese Francisco José celoso y taimado, y por toda esa corte de Viena, podrida de intrigas?" Dicen que el éxito de su gobierno en Lombardía y Venecia había disgustado al emperador austriaco, que lo destituyó como gobernador y también quitó la comandancia de la Armada austriaca el 21 de abril de 1859.

Carlota, sin poder contenerse, hizo, al fin, la pregunta que le quemaba los labios. Él, como los indolentes y los débiles cuyo reposo se ve turbado, se irritaba pronto y acabó por evadirla, por alejarse de ella, prohibiéndole entrar sin su permiso en su gabinete de trabajo; aún más, la dejó para hacer un prolongado viaje a lo largo de las costas del Brasil, donde iba acariciando el recuerdo de su primera novia, hija de don Pedro I. Pesares, lo que acabó por arruinar un nexo conyugal ya deteriorado. Dicen que fue en este viaje cuando Maximiliano se contagió de la enfermedad venérea que nunca lo abandonó.

Entre las versiones que se han dado respecto a la relación íntima entre Maximiliano y Carlota, hay quienes dicen que era un matrimonio mal avenido, empujado por la ironía del destino a la más siniestra aventura, lanzándose a ella sin amor, sin recíproca confianza ni comprensión. La verdad es que formaban una precaria sociedad de aprendices de soberanos, a pesar de que en público trataban de guardar las apariencias. Esto se decía con base en las confidencias de Antonio Grill, ayuda de cámara de Maximiliano a José Luis Blasio, secretario privado.

¿Qué fue lo que realmente sucedió? ¿Acaso había cometido el archiduque alguna infidelidad, explicable quizá por el carácter de Carlota, su frialdad, su desprecio por las realidades sociales? La joven fue al matrimonio con la cabeza llena de las enseñanzas de monseñor Dupanloup, que nada tenían que ver con cómo aprender a ser la esposa perfecta para ciertos hombres. A pesar de ser una mujer irreprensible y acaso sin mérito apreciable, no poseía la archiduquesa las condiciones necesarias para comprender a su marido. Hubiera querido que éste proclamase, como el *Carlos V* de Víctor Hugo:

El emperador es semejante al águila, su compañera: en el sitio del corazón no tiene más que un escudo.

No se trataba de perdonar. Carlota no podía admitir la posibilidad de compartir a su marido, ni aun con las rivales más efímeras, las más mediocres. Hay quienes dicen que se retiró para siempre a sus habitaciones con la mayor indiferencia. Pero lo más grave del caso fue que Maximiliano tampoco se mostró, al parecer, muy contrariado por tal retiro. Las conjeturas que a través de los años han hecho algunos historiadores sobre tales disentimientos de alcoba, tienen que ver con los testimonios de los colaboradores más cercanos a la pareja. La esterilidad que afligía a aquel matrimonio de príncipes, que ya contaba cuatro años, y los mutuos reproches que hubo de producir, ¿no influyeron fundamentalmente en aquellos dos representantes de ilustres casas? ¿No hubo entre ellos alguno de esos conflictos ocultos, sordos y vergonzosos del que Carlota se desprendió un buen día de un vuelo, dominada de nuevo por los nobles ensueños que habían mecido su adolescencia, y que por lo menos valían realmente la pena de vivir?

Sólo que esos ensueños como la paloma del Diluvio, exploraban en vano los horizontes del Adriático. Por la noche volvían rendidos y engañados a descansar en el triste castillo de Miramar. O bien, al día siguiente, como aves demasiado atrevidas, los veía ella muertos por su audacia y flotando en un rayo de sol con... *"Las dos alas en cruz sobre el mar..."*

Un trono en México

Para poder entender por qué se entusiasmaron tan fácilmente los dos esposos, afianzados de manera tan molesta a su origen y a su grandeza, y aceptaron el ofrecimiento de ir a reinar a México, sería necesario conocer a fondo cómo se vive una existencia como la de ellos, triste y desesperada, a pesar de las brillantes sonrisas de la fortuna

¿Será —pensó ella— una ocupación para Maximiliano?

¿Será —dijo él— una diversión para Carlota?

Parece que no se molestaron en averiguar cuál era el interés que se perseguía al querer enviarlos al otro lado del Atlántico. El ofrecimiento procedía de la emperatriz Eugenia de Montijo, empeñada en tomar su desquite de española y católica contra los mexicanos rebeldes, y del emperador Napoleón III, que, desde 1846, prisionero en el fuerte de Ham, había deseado con vehemencia la constitución de un Estado floreciente y considerable en el centro de América.

En México, el presidente Benito Juárez había suspendido los pagos de la duda externa mexicana. Esta suspensión fue un buen pretexto para que Napoleón III enviara un ejército de ocupación, y de esta manera preparar el terreno para crear en ese país una monarquía que lo representara, al frente de la cual convenía que estuviera un príncipe católico europeo.

Esa organización —había precisado el emperador francés— restablecerá el equilibrio del poder, creando en Hispanoamérica un nuevo centro de actividad industrial bastante poderoso para hacer que nazca un gran sentimiento de nacionalidad, e impedir nuevas usurpaciones de los Estados Unidos entre las cuales la más reciente es la invasión de Texas.

¿No era aquélla, a primera vista, una alta concepción política? Después sería muy fácil criticarla. Algunos ni ingenuos ni oportunistas, creyeron en ella. El mismo Lamartine (escritor e historiador francés del siglo XVII) que no sentía simpatía alguna por Luis Napoleón, hubo de declarar cuatro años después:

> La idea de la posición que debíamos tomar en México era grandiosa; era una idea incomprendida, justa como la necesidad, vasta como el océano, nueva y oportuna; una idea de hombre de Estado, fecunda como el porvenir; idea de salvación para América y también para el mundo.

Así, pues, el conde Rechber-Rothenlöwen se presentó en Miramar ante Maximiliano con tales proposiciones y a nadie le extrañó que fuera bien acogido. Ni siquiera se discutieron las probabilidades de la empresa sostenida por un puñado de emigrados supuestamente conservadores. Se dice que Carlota, sobre todo, se entusiasmó mucho con la propuesta. Aquel imperio de ultramar, aquellos recuerdos de Hernán Cortés, aquellas poblaciones indias que era preciso sacar de la esclavitud y de las tinieblas de la muerte; aquella herencia suntuosa y bárbara de los aztecas... La princesa belga deliraba de gozo, e inmediatamente mandó sacar de baúles y armarios, mantos, coronas y toisones de oro. Después, marido y mujer, plenos de ilusiones y esperanzas empezaron a recorrer Europa.

A donde quiera que iban, recibían felicitaciones y estímulos. Después de haber visto a Maximiliano, algunos diplomáticos murmuraban en voz baja: *¡Ce n'est pas un archiduc, mais une archidupe!* (No es un archiduque, sino un archiengañado, un tonto).

19

Y la anciana abuela, la reina María Amalia, que sabía por experiencia lo que eran las revoluciones, les dijo sollozando durante un ataque de pánico: "¡Pobres hijos, los asesinarán!"

En cambio, Napoleón III estuvo admirable, allanando todas las dificultades, deseoso, ante todo, al parecer, de borrar los malos recuerdos de la campaña de Italia. Se hubiera dicho que obraba así para buscar la reconciliación con Maximiliano y Carlota, quienes con su ayuda habían sido despojados de la dignidad real, y que quería completar su obra haciéndose acreedor a la gratitud del imperio austro-húngaro. Sin embargo, de manera extraña, de este último lado se alzaron los mayores obstáculos.

En marzo de 1864, después de tres meses de espera, negociaciones y diligencias; después de que el archiduque hubo rechazado, entretanto, el trono de Grecia, Francisco José, el emperador, el hermano de Maximiliano, proponía a éste un "pacto de familia" por cierto inaceptable, según el cual, el futuro emperador de México debía firmar la renuncia perpetua e irrevocable de todos sus derechos eventuales, aun en el caso de extinción de todos los varones de la casa de Habsburgo.

El príncipe retrocedió indignado. Salió de Viena y se encerró de nuevo en Miramar, enfermo de impotencia y desaliento. A Carlota se le volvieron esfumar todos sus sueños de grandeza Real. Ella, que unos meses antes había escrito:

"Creedlo, aquí nada se hace que no sea por las manos de la Providencia, y se ha mostrado tan visiblemente en diversas ocasiones, desde hace dos años, que negarse a reconocerlo sería recusar el testimonio de la conciencia. Habiéndola reconocido, es preciso seguirla; pero sin apartarse de los senderos abiertos por la prudencia humana, que son aquellos de que Dios gusta que nos sirvamos, pues solamente desea realizar los grandes acontecimientos por los medios ordinarios indicados a todo espíritu justo y sensato.

Me parece que los recelos que despierta ese asunto se parecen, por ejemplo, a los que se oponen a la adopción de la vida religiosa. ¿Por qué? Porque se sale de lo común y porque es difícil. Pero, ¿es que estamos en este mundo para disfrutar días de seda y de oro? ¿Y si tenemos la vocación de conformarnos con lo que Dios pide de nosotros?"

En medio de estas súbitas dificultades diplomáticas, parecía que aquella voz de Dios, que oía tan bien Carlota, había cesado bruscamente. ¡Qué iba a ser de ellos. Su esposo, cada vez más enfadado, se negaba a recibirla. La princesa telegrafió a su padre, regresó a Viena, discutió frenéticamente con su cuñado, solicitó el envío de comisarios imperiales para tratar de hallar, costase lo que costase, un *mezzotermine*, pero en todo fracasó. El sueño tan acariciado se hundía lastimosamente; la imagen del trono de Moctezuma desde donde iban a "pacificar, civilizar y evangelizar América", se borró de golpe en el horizonte de su vida.

Cuando lo creyó perdido, dirigió, llena de aflicción, este último llamamiento a la Montijo:

Señora:

Tomo hoy la pluma con el corazón lleno de las más penosas emociones, pero siempre dominado por el afecto verdadero y vivo que vuestra majestad ha sabido inspirarnos. El cielo, por un decreto impenetrable, nos priva de la dicha de contribuir a la realización de los generosos deseos de Vuestra Majestad, en un país por el cual estábamos dispuestos aun a los mayores sacrificios. Habíamos penetrado alegremente en ese arduo camino sin otro móvil que el bien, y era para nosotros una dicha consagrar nuestro juvenil ardor y aportar el tributo de nuestra buena voluntad a una obra difícil, ¡pero tan grande...!

Esta carta no fue enviada porque la archiduquesa pudo, al fin, llegar hasta Maximiliano. Éste se había vuelto a entrevistar con Francisco José, y resolviéndose por lo quimérico, firmó todos los acuerdos, seguramente con una total repugnancia.

La noche del 9 de abril de 1864, mientras aguardaba para el día siguiente a la delegación mexicana, suspiró ante uno de sus familiares: "Si alguien viniese a anunciarme que todo se había roto, me encerraría en mis habitaciones para saltar de alegría... Pero, ¿y Carlota...?"

El destino le había ofrecido una tabla de salvación, el último medio de verse libre de la abrumadora carga que habían echado sobre sus hombros. Pero su admirable compañera, completamente penetrada de sus deberes soberanos, no se lo permitió.

Así pues, el 10 de abril de 1864, por la mañana, el contralmirante conde Hadick, chambelán de servicio del archiduque, se fue a buscar oficialmente a los delegados mexicanos, alojados en la casa consistorial de Trieste. Cuatro

Comisión que ofreció a Maximiliano el trono de México. Entre estos personajes se encuentra José María Gutiérrez Estrada, quien estaría con los emperadores hasta el final del Imperio.

carrozas de gala los llevaron al promontorio de Miramar. A mediodía, el maestro de ceremonias, conde Zichy, los introdujo en el salón de recepciones donde estaba esperándolos el archiduque vestido de almirante, a quien acompañaban la archiduquesa, que llevaba el cordón negro de la orden de Malta; el General Frossard, ayudante de campo, delegado de Napoleón III; la princesa de Metternich, la marquesa de Ville, la condesa Zichy y los señores Herbette y Collonitz, ministros de Francia y Bélgica.

Ante esos representantes de la vieja Europa, don José María Gutiérrez Estrada, representante de la Asamblea de Notables, pronunció un discurso abiertamente reaccionario, al cual Maximiliano contestó con mucha mesura:

> Confiado en la ayuda del Todopoderoso acepto de las manos de la nación mexicana la corona que me ofrece. Acepto el poder que la nación de que sois los órganos quiere conferirme; pero lo conservaré únicamente el tiempo necesario para crear en México un orden de cosas regular y establecer instituciones sabiamente liberales.

Seguramente Gutiérrez Estrada hubiera preferido otras declaraciones; pero no lo dio a entender. Siguiendo la antigua costumbre española, puso una rodilla en tierra, besó primero la mano del archiduque y la de la archiduquesa después, y exclamó: "¡Salud a su Majestad Maximiliano I, emperador de México! ¡Salud a su Majestad la emperatriz!"

Mientras sus compañeros repetían aquella aclamación, se abrió la puerta de dos hojas y apareció el abad de Lacroma, con la mitra en la cabeza y el báculo en la mano; iba asistido por el limosnero de la corte y un sacerdote mexicano que llevaba un misal.

"Yo, Maximiliano, emperador de México —dijo, extendiendo la mano derecha por encima del libro sagrado—, juro a Dios por los santos evangelios procurar, por todos los medios que estén en mi poder, el bienestar y la prosperidad de la Nación, defender su independencia y conservar la integridad de su territorio".

Pasó el Rubicón. Mientras en la capilla resonaban las campanas acompañando el *Te Deum*, fue izada la bandera imperial mexicana en la torrecilla más alta de Miramar, y los buques alineados en el puerto la saludaron con veintiún cañonazos.

La suerte estaba echada. Pero el esfuerzo había rebasado la energía del recién nombrado emperador. Mientras la emperatriz Carlota, radiante, recibía a los invitados, acogía sus felicitaciones y presidía un suntuoso banquete oficial, él se había encerrado, bajo pretexto de enfermedad, en el *Gartenhaus*; ahí permaneció emparedado durante tres días con su médico, el doctor Jilek. Dicen que de este encierro salieron los siguientes versos y pensamientos:

¿Es preciso que me separe para siempre de mi querida patria;
del bello país de mis primeras alegrías?

¿Queréis que abandone mi cuna dorada,
y rompa el lazo sagrado que a ella me ata?

La tierra en que he vivido los risueños años de mi infancia,
donde sentí las emociones del primer amor,
¿tengo que abandonarla por objetos inciertos
de ambición que excitáis en mi corazón?

Queréis seducirme con el cebo de una corona;
queréis deslumbrarme con locas quimeras.
¿Debo yo dar oídos al dulce canto de las sirenas?
¡Ay de quien se fía de sus halagadoras promesas!

Me habláis de cetro, de palacio, de poder;
abrís ante mí una carrera sin límites.
¿Es preciso que os siga hacia las lejanas orillas,
más allá del vasto océano?

Queréis tejer de oro y de diamantes la trama de mi vida
pero, ¿podéis darme también la paz del alma?
¿Y la riqueza es a vuestros ojos la felicidad?

¡Oh! ¡Dejadme seguir en mi paz mi tranquilo camino,
el sendero oscuro e ignorado entre los mirtos!
Creedme; ¡la labor de la ciencia y el culto de las Musas
son más dulces que el brillo del oro y de la diadema!

Al cuarto día, apenas empezaba a desayunar cuando apareció Carlota blandiendo un telegrama de felicitación expedido por Napoleón III. El archiduque palideció y, dejando violentamente el tenedor sobre la mesa, expresó que "si se trataba del asunto de México, no quería saber nada."

Carlota se retiró desolada. ¿Qué sería de ella si su esposo se obstinaba en tratar con tanto desdén las obligaciones de su oficio de emperador? Maximiliano se negó a recibir a las autoridades civiles y militares de Trieste y a las diputaciones llegadas de Venecia y de Fiume. Ella sola se mostraba obsequiosa, atenta, sonreía para disimular su angustia, reinaba ya.

Lo mismo ocurrió el 14 de abril, cuando embarcaron en la fragata *Novara*, escoltada por el barco francés *Themis*. Dicen que mientras la joven emperatriz respondía, radiante, a los saludos y a los vivas, su sombrío esposo, más realista quizá, incapaz de dominar su emoción, corría a su camarote a esconder su miedo y su tristeza. Ese día Maximiliano y Carlota iniciaban el viaje que los llevaría a tomar posesión del trono de México y a cumplir con su destino. Los acompañaba un selecto séquito integrado por ochenta y cinco nobles, entre ellos la condesa Paula Kolonitz, de la que nada se sabe salvo que era joven y que resistió las incomodidades de un viaje largo y penoso con toda entereza, pero que escribió un libro que tituló *Un viaje a México en 1864*, gracias al cual sabemos con certeza lo que sucedió desde que los emperadores dejaron Trieste y fueron recibidos en la capital mexicana.

"El archiduque Maximiliano era un príncipe muy amado por el pueblo, que con dolor y grave aprensión lo vio partir de Trieste. Diez mil firmas atestaban el afecto que se tenía por su persona y que le deseaban felicidad acompañándolo más allá de los mares, en su nueva patria, en su difícil misión. El emperador prorrumpió en lágrimas cuando el corregidor de Trieste le aseguró con afectuosas y cálidas palabras la tristeza general, el interés popular. El momento era tan solemne, tan imponente, que todos estaban conmovidos".

Una multitud se encontraba en el muelle para despedirlos. Lentamente fue posible abrirse paso a través de tanta gente para descender las escalerillas que conducían al lugar del embarque. Allí esperaba un esquife graciosamente decorado al que habían puesto un dosel de terciopelo rojo recamado de oro. El emperador ayudó a la emperatriz a descender; después estrechó con cordialidad las manos que aún se extendían hacia él; luego, también, su pie dejó la antigua y tan amada tierra natal. Un diluvio de flores le seguía cuando empezaron a tronar los cañones de las dos fragatas, la *Bellona* y la *Themis*, que repletas de banderas y espléndidas de admirable belleza, se encontraban adelante de la *Novara*. Ésta había izado ya la bandera mexicana.

Adiós Miramar

Todavía no subían todos a bordo de la *Novara* y ya para entonces estaba organizada toda una corte imperial. Contaban con el señor Velásquez de León, ministro de Estado; el general Woll, primer ayudante de campo; el conde de Zichy, gran maestre de la casa imperial; el conde de Bombelles, sobrino de María Luisa, asistente de cámara; el marqués de Coria, asistente de la emperatriz; Matilde

Doblinger, camarera; el consejero de Estado Schertzen-lechner, director de la lista civil, y los señores Bloin, secretario particular; Iglesias, subsecretario de Estado; de Kuchacsevich, tesorero de la corona; tres ayudantes de campo, limosneros, médicos, etcétera. Era imposible olvidar que los dos jóvenes soberanos, sin dejar de considerarse muy modernos, perfectamente adaptados a la época —según ellos— seguían siendo el uno Habsburgo y la otra Borbón. En aquella hora tan grave, lo que más les preocupaba era el protocolo, con sus múltiples disposiciones palatinas. Reunían, a su alrededor, chambelanes, cuando hubieran necesitado administradores.

Además de la fragata francesa *Themis* —a las órdenes del comandante Morier—, destinada por Napoleón III para acompañar a la comitiva imperial, seguían a la *Novara* seis vapores del Loyd y un número infinito de pequeñas barcas, todas embanderadas y embellecidas para despedir a los viajeros. Los vapores de Loyd los acompañaron hasta la altura de Capo d'Istria, donde se podía ver un incesante agitarse de millares de pañuelos, de miles y afectuosos vivas. Pasado un instante todo había desaparecido.

Después de tres días de mal tiempo, de fuerte viento y mar agitado, las fragatas navegaban sobre el mar Adriático. Pasaron las cadenas de los montes napolitanos y la de los confines turcos. El día 16 divisaron Otranto, navegaron junto a las desnudas costas de Calabria, admiraron las bellas y nevadas montañas de Albania, saludaron a la lejana Corfú y, por fin, alcanzaron el mar Mediterráneo.

En la noche del 16 al 17 dieron vuelta a la punta meridional de Italia, y cuando por la mañana los distinguidos viajeros se reunieron en cubierta, vieron, a la derecha, las costas napolitanas, a veces con sus despeñaderos o con fértiles valles, sus villas y bosques de naranjos. A la izquierda, se alzaban las montuosas costas de Sicilia, distinguiéndose de vez en cuando entre el cúmulo de nubes que las cubrían, las cimas de los montes o la del Etna. En Sicilia el convento de San Plácido, sobre una alta roca, domina todo el estrecho de Messina.

Sobre las bajas costas napolitanas, mar adentro, está la vieja ciudad de Regio, y más adelante, Messina apoyada en los montes y en las rocas sobre las cuales, hay infinidad de villas que la circundan. Al pasar en medio del estrecho, tan cercanas estaban las costas que a simple vista se veían los naranjos, los sicomoros y las palmas, y su perfume aromático llegaba hasta la cubierta de la fragata. Por sobre todo aquello se difundía la luz meridional. Lanchas y barcos animaban el cuadro, un navío mercante austriaco saludó a la *Novara* al pasar.

Las corrientes de agua entre Sicilia y Caribdis formaban al chocar, como siempre, a través de todos los siglos desde la creación del mundo, tal efecto de luces que ningún pincel podría reproducirlas. Caribdis es un antiguo y enorme castillo sobre una roca saliente de la costa italiana y domina todo el golfo. Scila es un faro que se encuentra en un lugar arenoso y bajo de Sicilia. Un poco más adelante se encuentran las Islas Lípari. El Stromboli surge del mar como un cono. Humea incesantemente, sus erupciones son frecuentísimas, y durante la noche sirve de faro luminoso a los navegantes. Las Lípari se extienden por aquí y por allá y algunas no son más que montones de rocas aisladas, habitadas por humildes pescadores, cuyas miserables cabañas son visibles a través de los matorrales. Pasaron tan cerca del Stromboli que se podían distinguir hasta las cabras que pacían, único animal doméstico que poseen aquellos isleños.

Mas el mar volvió a agitarse la noche que precedió la llegada de los viajeros a Civitavecchia y hubo que tomar precauciones para mantener a los emperadores y acompañantes a salvo de las inclemencias del tiempo. Para el 18 de abril, cuarto día de navegación, la espesa niebla envolvía las embarcaciones y se hizo imposible ver el Vesubio; sin embargo, ya estaban en Civitavecchia. El puerto de esa ciudad era tan estrecho y tan pequeño que a la gran fragata le fue imposible entrar. Así pues, anclaron en alta mar y dos horas después las naves tocaron tierra. Se les acercó primero la lancha de la sanidad, con su bandera de color amarillo. Y enseguida subieron a bordo el mariscal duque de Montebello y el ministro francés Sartiges; detrás de ellos, los embajadores de Austria y Bélgica, y finalmente los cardenales enviados por el Papa para dar la bienvenida a Sus Majestades. La cronista del viaje —la condesa Kolonitz— estaba admirada de la cantidad de uniformes que se veían por toda la nave imperial y sobre todo en el puente central, así como de las grandes y pequeñas embarcaciones de distintos países que esperaban en el puerto y que en honor de Sus Majestades habían izado la bandera de gala. "Todos los mástiles, todas las arboladuras de las naves, estaban llenos de marineros que agitando sus gorras nos saludaban con entusiastas 'hurras'. En el mismo instante tronaron en los barcos y en los fuertes las salvas de artillería y en el momento del arribo los tambores y las fanfarrias papales y francesas rivalizaban ensordecedoramente. Estas últimas tocaban la famosa canción *Par la grace de l'Empereur des français*, del modo más ruidoso y extraño. Sus tropas en fila nos saludaban con las espadas y las bayonetas. Levantaron las carrozas y nos llevaron a fuerza de brazos. Era una algazara, una agitación, una gritería, un mirarnos con curiosidad, un corre corre, un chillar, de perder la cabeza. Finalmente nos sentamos en el *coupé* de un convoy extraordinario, el cual, traqueteando y a las sacudidas, nos condujo a la antigua ciudad".

Maximiliano y Carlota, con todo su séquito, atravesaron una región en gran parte cubierta de fértiles prados y pantanos, donde pastaba el ganado y dominaba un aire malsano. Dos horas después llegaron a Roma, la ciudad eterna, con su bello Castillo de San Ángelo, con la cúpula de San Pedro, el Coliseo, con los pinos y los cipreses del monte Pincio, con todo aquello que de Roma se oye decir, con todo lo que sobre Roma se aprende. Fueron recibidos con fanfarrias, con tambores y miles de personas entre las que se encontraban amistades muy queridas del emperador y de la emperatriz. Se alojaron en el palacio Marescotti, donde vivía Gutiérrez Estrada, el más ardiente partidario del emperador. Esa noche visitaron el Coliseo a la luz de la luna, y al día siguiente oyeron misa en la Basílica San Pedro, en las Catacumbas. Después, junto con monseñor Hohenlohe, recorrieron el templo.

El 19 de abril, a las once de la mañana, tuvieron audiencia con el Papa Pío Nono. Carlota y todas las damas de la comitiva llegaron vestidas de negro y con velos. El recibimiento fue muy solemne. Cardenales, monseñores, guardias suizos con vestimentas medievales los llevaron hasta donde se encontraba Su Santidad, un hombre espléndido, de aspecto robusto y gran dignidad, que los recibió alegre de humor. Todos se postraron ante él con devoción y respeto, y después de bendecir a la pareja imperial, el Santo Padre los llevó a su gabinete privado y ahí les recomendó "respetar los derechos de vuestro pueblo y de la Iglesia y trabajar por la dicha temporal y espiritual de aquellos pueblos". Carlota se había ceñido de nuevo su corona de diamantes. El Papa celebró una misa en el Vaticano, les dio la comunión y prometió enviarles pronto a México un comisionado especial que se encargara de arreglar la difícil situación religiosa que atravesaba el país. Sin embargo, de manera muy hábil, el viejo pontífice, vestido de blanco, evitó abordar el problema, y se dedicó a repartir bendiciones y abrazos.

Al día siguiente, que era el 20 de abril, Su Santidad correspondió la visita a sus majestades imperiales. Y antes que su carroza de gala tirada por cuatro caballos entrase en la estrecha calle del palacio Marescotti, la gritería estrepitosa de la gran multitud que lo acompañaba ya había anunciado la llegada del jefe de la Iglesia Católica. El emperador y la emperatriz, seguidos de toda su corte, descendieron por la escalera y lo recibieron de rodillas. "Después todos besaron sus manos y sus pies, y alegre y benévola, Su Altísima Santidad tuvo para todos una palabra cordial" —escribió la condesa Kolonitz en su diario.

> El viaje ha sido muy agradable —escribía también la emperatriz, pero a su abuela María Amelia—. Me ha dado nuevas fuerzas para llevar adelante mi gran misión. Roma me ha encantado. Ya suponía que fuese bella, conmovedora, pero la he hallado muy superior a lo que yo esperaba. He visto el Coliseo a la luz de la luna...

Después de la partida de Su Santidad, Carlota invitó a la condesa Kolonitz y al gran maestre a hacer un recorrido por las calles más célebres de Roma. Vio los templos y los arcos de triunfo, las fuentes y las columnas de la ciudad santa; después visitó las iglesias, la Villa Borghese con su encantador parque, un bello conjunto de pinos, de cipreses, de hermosas flores y de bellísimas estatuas.

Acompañados de miles y miles de personas del pueblo, a la cuatro de la misma tarde, la comitiva imperial se encaminó a la estación de ferrocarril, de vuelta a Civitavecchia, y en los mismos esquifes, a las siete los transportaron directamente a la *Novara*.

Ya en el Mediterráneo, la caravana de embarcaciones navegó hasta llegar cerca de Caprera, por el estrecho de Bonifacio, las Baleares, por las costas españolas, hasta arribar, el 24 de abril, a Gibraltar. El puerto estaba lleno de navíos y muy allá, al pie del peñón, se extendía la ciudad y subía por él hasta una cierta altura. Allí anclaron y ahí pernoctaron los emperadores y sus acompañantes, y al día siguiente todos bajaron a tierra para ser agasajados por el gobernador, el general Codrington.

Después de recorrer la ciudad de Gibraltar, la hora de la comida los obligó a retornar a bordo de la *Novara*. Esa noche el emperador Maximiliano invitó a todo el mundo a cenar a su camarote. Entre los invitados se encontraba el general Codrington, algunos oficiales ingleses y el cónsul austriaco. En honor de Sus Majestades mexicanas, los oficiales ingleses habían organizado carreras de caballos a las cuales fue también invitado su séquito marítimo.

El lugar de las carreras se encontraba entre la altísima roca (el peñón de Gibraltar) y el mar, limitado al norte por la sierra de España (Sierra Nevada). Los oficiales encabezaron la cabalgata y participaban también algunas damas inglesas a caballo y otras en su *Pouychaisen*. Presenciaban el espectáculo soldados vestidos de rojo, alegres emigrantes españoles y moros con turbante en la cabeza, ataviados con vistosos trajes. Hombres de aspecto elegante mantenían viva la conversación ya con los caballeros, ya con las damas. La emperatriz Carlota se dignó ocupar un asiento en la carroza del general, teniendo a su lado a la señorita Codrington; el emperador Maximiliano se mezcló entre la multitud. Pasada la segunda carrera, sus majestades y su séquito fueron conducidos a una tienda donde ya se encontraba preparado un banquete.

Esa misma noche la *Novara* se hizo al mar y siguió con su itinerario aunque a muchos de sus pasajeros no les fue muy bien durante la travesía por el Atlántico. La propia emperatriz no aparecía por la cubierta más que al atardecer y se veía pálida y desmejorada. Parece que después mejoró el tiempo porque sobre cubierta, en los días de calma y en los que soplaba brisa favorable, instalaron una tienda que protegía del ardiente sol, y Carlota abandonaba su cabina donde asiduamente leía y escribía, para hacer sus paseos continuando al aire libre sus ocupaciones. Por las tardes, a ella no parecía importarle las maravillosas puestas de sol porque seguía hundida en sus libros y sus papeles.

Escribe la condesa Paula Kolonitz que como Carlota tuvo una adolescencia severa y solitaria, "se desarrollaron en ella al máximo grado el amor al estudio, el placer por los libros, la vasta inteligencia y la sorprendente facilidad para retener las cosas. Desplegaba una diligencia férrea, una atención siempre concentrada en la ayuda de la cual venía su maravillosa memoria. En muy breve tiempo aprendió idiomas, así que además del francés que es su lengua materna, ella habla bien y con graciosísima espontaneidad el alemán, el italiano, el inglés y el español". Así, pues, preocupada por la misión para la cual se encaminaba, la augustísima señora pasaba su tiempo en toda suerte de preparativos los cuales, más o menos, tenían algo que ver con su nueva vida, elaborando un *Reglamento* de corte y de casa o interesada en otros trabajos que le confiaba el emperador. Por eso, durante la travesía, permaneció casi extraña a todo lo que le rodeaba.

También el emperador estaba ocupadísimo y salía poco a cubierta. Todos los días se reunía durante varias horas con los señores de su séquito entre los cuales estaban el ministro de Estado mexicano Velásquez de León y su secretario Iglesias. El general Woll, un *mixtum compositum* de nacionalidad alemana, de origen y de educación franceses, y al servicio de los mexicanos era el ayudante general.

Casi llevaban un mes de viaje, cuando el 16 de mayo, como primer contacto con el Nuevo Mundo, llegaron a la isla de La Martinica. Un guía negro los llevó hasta el puerto de Fort-France y de ahí a la Savanne, que es una plaza enorme y llena de maleza, circundada por estupendos mangos, junto a la cual se encontraba la casa de madera del gobernador, el contralmirante *monsieur* de Condé. Luego, a las dos de la tarde, los llevaron a un lugar llamado el Pitón de Vauquelin: unos en carroza, otros a caballo. En ese lugar, donde se yergue una casucha de madera con una terraza desde la cual se goza de la magnífica vista del Golfo, les ofrecieron un refrigerio que contenía gran variedad de frutas. La cena se sirvió a las ocho y media en la *Novara*, y a las diez de la noche volvieron a tierra para ver los fuegos artificiales que ofrecían en honor de sus majestades. La Savanne estaba llena de guirnaldas, listones, lámparas, globos de colores. Siguieron su viaje al día siguiente pero antes de partir, Maximiliano concedió la libertad a unos oficiales mexicanos presos en La Martinica.

El siguiente punto a tocar en las Antillas fue la isla de Jamaica. Las fragatas estuvieron rodeando la isla por muchas horas antes de llegar a Port Royal, donde anclaron. Los fuertes y la nave del almirante allí anclada saludaron a Sus Majestades con los acostumbrados tiros de cañón a los cuales la *Themis* respondía. En esa época, Canadá y todas las colonias americanas estaban gobernadas por el almirante Sir James Hope, quien con un espléndido séquito se encontraba allí en un viaje de inspección. Retardando su partida, con la más exquisita cortesía, se puso a las órdenes del emperador y lo llevó con toda la comitiva a Kingston, una pequeña ciudad edificada en otra bahía, a manera de anfiteatro sobre la pendiente de un monte. Ahí los recibió el gobernador militar, general Ashmore, y el gobernador civil, señor Eyre. El general les ofreció una taza de té en su casa y de ahí, en seis carrozas, pasando por el camino de la costa rodeado de magníficas villas se encaminaron a la montaña donde después de un paseo por diferentes lugares, tomaron un *luncheon* de melones, uva moscatel de tamaño colosal, conservas de jengibre, de piña y de todas las delicias del lugar. La misma tarde a las cinco y media fue levada el ancla y bajo un aguacero retomaron altamar.

Por fin, después de un viaje de cuarenta y cuatro días, después de haber navegado felizmente junto a muchas islas de coral, junto a varios escollos, los navegantes de la *Novara* avistaron las costas mexicanas.

El arribo a México

En Veracruz

El sábado 28, a las seis de la mañana, apareció el *Themis* ante el recinto amurallado de Veracruz, y al siguiente día la

Novara surgió en el horizonte, anclando por la tarde entre el Fuerte de San Juan de Ulúa y la Isla de Sacrificios. Por su parte Sus Majestades no se detuvieron en aquella blanca ciudad, de piedra madrepórica, de cuya limpieza se encargaban únicamente los buitres negros, y cuya insalubridad le ha valido el nombre de "la ciudad de los muertos".

El general Almonte, quien hasta la llegada del emperador y durante los tratados para la aceptación de la corona había gobernado el país, esperaba en Orizaba la noticia del desembarque. Por el temor de la fiebre amarilla se conservaba lo más lejos posible de Veracruz. Desde allá hasta el puerto había una larga jornada, lo que ocasionó un nuevo retardo. El prefecto y el Ayuntamiento habían ido al encuentro del general Almonte entre las mayores discordias. Poco después aparecio el comandante de las tropas francesas, el contralmirante Bosse, con su ayudante, ambos irascibles porque el emperador había rehusado anclar entre la flota gala.

Una vez más la condesa Kolonitz nos relata sus impresiones de lo que presenció cuando llegaron Carlota y Maximiliano a Veracruz:

> El contralmirante (Bosse) se comportaba con tan poco miramiento y tales inconveniencias que nada podía ser peor, y como si quisiera volcar sobre nosotros buena parte de su cólera nos dijo el mal posible del país, exagerando los peligros y los disgustos. Primero que nada nos aseguró que el lugar era el más infecto y que resultaba muy peligroso dormir allí. Citó, uno después de otro, casos en que los pasajeros y marinos fueron, en una sola noche, víctimas del vómito; enseguida enumeró los peligros a los cuales estábamos expuestos hasta llegar a la ciudad de México viajando por el interior del país; dijo que se habían formado bandos con el propósito de hacer prisionera a la pareja imperial y que Achille Bazaine (general en jefe del Ejército

intervensionista) no había tenido el tiempo suficiente para garantizar nuestra seguridad personal. Y durante un largo rato continuó diciendo cosas por el estilo. Ésta fue la primera demostración y no debía ser la última, de la arrogancia y de la prepotencia francesas de las cuales muchas pruebas más nos esperaban en México.

Ese día por la tarde llegaron Almonte, el general Sala y todas las autoridades de Veracruz. La Historia de México nos dice que Almonte era hijo de don José María Morelos y Pavón, célebre durante la guerra de Independencia y de una india que lo tuvo en la montaña, "al monte". A guisa de saludo, Almonte les estrechó la mano, primero a los emperadores, y después a todos y cada uno de los que venían en su comitiva.

Al caer la tarde tronaron todos los cañones del fuerte de San Juan de Ulúa; se iluminó la ciudad de Veracruz con miles de fuegos de Bengala y la flota francesa puso sus fanales en los mástiles, lanzando sus rayos de luz. Después de haber oído misa a bordo, los recién llegados desembarcaron a las seis de la mañana en el puerto de Veracruz, cruzaron el solemne arco de triunfo que cierra la plaza del malecón y se limitaron a seguir las calles silenciosas y desiertas. La acogida fue glacial. Acompañada por las autoridades tanto francesas como mexicanas la pareja imperial fue conducida a la plaza donde esperaban los vagones.

Antes de abordar el tren en el que recorrerían un tramo del camino hacia la capital de México, los emperadores desayunaron en la Soledad, un pequeño poblado en donde se había improvisado un recibimiento con una banda de música y una compacta multitud de curiosos. Más tarde continuaron su camino hasta llegar a Loma Alta donde, en esa época, terminaba la magnificencia de los ferrocarriles mexicanos. En el Paso del Macho abordaron seis vehículos y ahí la caravana se separó. Sus Majestades deseaban viajar a pequeñas jornadas para poder detenerse cuando y donde les apeteciera, pero su séquito, compuesto de ochenta y cinco personas, que traía consigo una carga de quinientos bultos, tenía necesariamente que dividirse ya que hubiera sido imposible llevarlos y hospedarlos a todos juntos.

Sus Majestades viajaban en un *coupé* inglés, y los demás iban en calesas y diligencias cubiertas y altísimas, donde cabían doce y hasta quince personas. Estos vehículos eran tirados por ocho mulas, dos adelante, cuatro en medio y otras dos atrás.

Al principio sólo fueron tierras sin cultivar, sabanas, grupos de palmeras lo que dominaba el blanco Pico de Orizaba o Citlaltépetl. Después la temperatura refrescó. La caravana penetró en los cafetales, platanares y naranjales, que hubieran suscitado admiración si la incomodidad del transporte no hubiera impedido contemplar la belleza del paisaje. Una noche, a las siete, entre Paraje Nuevo y el Citlaltépetl, se rompió un eje de las ruedas del coche imperial, y Sus Majestades tuvieron que refugiarse en el viejo carromato en que iban los generales de Mansión y Gálvez.

El viento y la lluvia golpeaban con fuerza los carruajes. Las antorchas que llevaban los jinetes de la escolta se iban apagando una tras otra. En Paraje Nuevo se encontraban ya en total oscuridad, y más de uno temblaba tanto de miedo como de frío, cuando descubrieron algunas luces inciertas que perforaban las sombras. Eran unos indios que, intranquilos, salían al encuentro de la caravana. Hacía tres horas que había anochecido y cerca de las diez la comitiva hizo su pintoresca entrada en la ciudad de Córdoba, a la luz de las antorchas. En una enfiestada casa, grande y bella, se había dispuesto todo para albergar aquella noche a sus majestades pero no habían tomado en cuenta a la gran comitiva. "Para las señoras se dispusieron camas; los caballeros y los sirvientes tuvieron que dormir en las diligencias, en sillones, en las terrazas de los cuartos y hasta en las escaleras". El *coupé* de Maximiliano y Carlota llegó a las dos de la mañana y a esas horas, los emperadores recibieron homenajes, oyeron discursos, cenaron y descansaron.

A la mañana siguiente, a las seis y media, continuaron el viaje. Atravesaron por una región rica y cultivadísima, pasando entre selvas, junto a villas y haciendas, campos de caña de azúcar, de maíz, de cacao, entre jardines de naranjos, de granados y de otros muchos árboles frutales. Por todas partes se habían hecho preparativos para recibir a los emperadores; había numerosos arcos de triunfo adornados de bellas flores, banderas y papeles multicolores.

Se había previsto llegar antes del anochecer, a los poblados de La Cañada y El Palmar, pero se volcó una diligencia en uno de los baches abiertos por el aguacero. Finalmente, a pesar de estos incidentes, llegaron a un sitio más hospitalario en plena región de las tierras templadas, donde reinaba la ciudad del agua alegre, la hermosa población de Orizaba, dominada por el famoso Citlaltépetl de los aztecas. En Orizaba se les ofreció a los emperadores y acompañantes una gran fiesta; llegaron hasta ahí varias representaciones para agradecerle a la comitiva el haber llevado a la pareja imperial. En la casa donde se hospedarían habían dispuesto para el emperador un lecho adornado de bellísimos festones de seda roja.

La estancia en Orizaba fue breve porque era necesario llegar a Palmar al caer la noche. Abordaron sus vehículos y continuaron subiendo por montañas pobladas de abetos y de encinas. Iban escoltados por veinte hombres porque corría el rumor de que Porfirio Díaz un "jefe guerrillero" —escribe Kolonitz—, se ocultaba en una hacienda por la cual debían pasar y donde pretendía —decían— asaltar al emperador. Por todos lados se veían tropas dispersas y campamentos improvisados, hasta que se presentó el general francés Braincourt, quien aseguró que todo el peligro había pasado ya que los liberales habían emprendido la fuga.

Este contratiempo causó una demora más en los planes del viaje. Había caído la noche y no podía admirarse la belleza del lugar. Empezaban a ascender por las cordilleras conocidas como las Cumbres de Acultzingo. Los niños y las mujeres se habían quedado en Orizaba; los otros lentamente y con miles de precauciones subían la rapidísima cuesta. En el techo de la diligencia imperial iban varios soldados sentados, con antorchas encendidas y pegados al vehículo marchaban a pie los hombres de la escolta llevando a mano sus caballos, vigilando y olfateando el peligro. Sonaba la medianoche cuando llegaron a la cima de las Cumbres. Estaban en el pueblo de La Cañada y faltaban aún varias horas de camino para llegar a El Palmar. Ahí, pernoctaron: Sus Majestades en el interior del *coupé*; los demás donde pudieron.

Al albear prosiguieron el viaje y por fin llegaron a El Palmar donde desayunaron. Lo describen como un lugar triste y solitario donde abundan las nopaleras y los cultivos de maguey, contemplados desde lo alto por el Popocatépetl y el Iztaccíhuatl con sus cimas casi siempre envueltas en nubes. Ya faltaba muy poco para que los emperadores llegaran a Puebla de los Ángeles, donde los aguardaban el general Braincourt y las altas autoridades de Puebla.

A pocos kilómetros de la ciudad los interceptó una numerosa caravana de jinetes vestidos a la usanza del país. Eran habitantes distinguidos de la ciudad que montaban caballos cuyas sillas y los arreos estaban recamados de oro y adornados con cordones de seda de los más vivos colores. Los padres traían consigo a sus hijos, montados uno atrás del otro, cabalgando alegremente. Finalmente Maximiliano y Carlota habían llegado a la ciudad de Puebla de los Ángeles el 5 de junio de 1864.

En Puebla

La ciudad de Puebla, tan silenciosa y circunspecta de ordinario, ese día —5 de junio de 1864— se desbordaba. Se escuchaba un alegre repiqueteo de todas las campanas de los numerosos templos de la ciudad y a los repiques siguieron las detonaciones de los cohetes y el sonido de las bandas de música que recorrían las calles. Las casas estaban adornadas elegantemente y hasta en las más pobres accesorias se había colocado una flor. Todas las fachadas, pintadas recientemente con buen gusto, fueron adornadas con variadas colgaduras en cuyo centro se ostentaban los retratos de los emperadores; además, estaban iluminadas con farolillos de papel, con cilindros de vidrio de vivos colores o con grandes faroles de cristales transparentes. En la fachada del Palacio Municipal las luces dibujaban los nombres de *Maximiliano y Carlota*, *Napoleón y Eugenia*; en las torres de la Catedral las aristas del monumento se destacaban luminosas sobre el fondo oscuro del cielo. Por todas partes había arcos triunfales con ingeniosos emblemas alegóricos y leyendas poéticas. Carlota empezaba a estar muy bien impresionada en la gloriosa ciudad, con sus cien campanarios, sus azoteas de mosaicos azules y blancos, y sus casas coloreadas. "¡Puebla de los Ángeles, la ciudad santa, cuya catedral fue levantada por los ángeles! ¡Puebla, rodeada por un extremo círculo de montañas pelonas y de cimas de pórfido basáltico!"

Las calles estaban repletas de gente, "tan obstruidas y apiñadas que presentaban un mar de cabezas, de cuyo seno se escapan alegres, cordiales y atronadores vivas. No son bastantes a contener las oleadas de ese mar humano los soldados que forman la valla desde las nueve de la mañana".

Abrían la marcha el jefe de gendarmería francesa y su brigada, un escuadrón de gendarmería rural mexicana y sesenta hombres de la policía municipal de la ciudad: les seguían los guardias del ayuntamiento con sus uniformes de terciopelo carmesí con galón de oro, y atrás de ellos, los síndicos, regidores, alcaldes, el prefecto municipal, el secretario general y el prefecto político. El gran mariscal de la corte, el secretario de Su Majestad, el ministro de Estado, el consejero privado y otros personajes, seguían de cerca al consejero municipal. Sus Majestades, Maximiliano I y Carlota Amalia, vestidos con notable sencillez y rodeados de un crecido número de oficiales superiores a caballo, presidían esta comitiva, llevando a su derecha al general Woll y a su izquierda al general Braincourt. Cerraban esta brillante procesión los húsares de la guardia imperial.

Al llegar al arco de la calle del Alguacil Mayor el cortejo imperial se detuvo. El Ayuntamiento les rindió homenaje a los jóvenes soberanos. Entretanto pasaron a situarse ordenadamente en la misma calle, los carruajes que precedían a la elegante carroza imperial. Todos se agrupaban, todos corrían, se atropellaban y subían a las cornisas, ventanas, balcones y azoteas para ver un espectáculo enteramente nuevo entre los poblanos. El pueblo deseaba contemplar de cerca la entrega de las llaves de la ciudad.

Tras esta ceremonia prosiguió la marcha hasta llegar a la Catedral, donde los monarcas fueron recibidos bajo el palio por el prelado de la diócesis y los obispos de Chiapas, Veracruz y Chilapa, revestidos de pontifical, y acompañados del venerable cabildo eclesiástico, clero secular, corporaciones, colegios, empleados de todas las oficinas y una multitud inmensa de gente del pueblo.

Concluido este espléndido acto religioso, Maximiliano y Carlota marcharon a pie con toda la comitiva por la calle principal de la ciudad, deteniéndose, sonrientes, en los espléndidos arcos triunfales colocados en diferentes puntos, hasta llegar al Palacio Episcopal, donde los esperaban las damas de la alta sociedad poblana, vestidas de gala, para saludarlos y vitorearlos. El emperador Maximiliano se mostró con todos cordial y afable y sus sencillos modales despertaron las más vivas simpatías. Dicen que la emperatriz, aunque sonriente y cortés, dejaba entrever un poco de su carácter altivo y dominante.

Estaba dispuesto que los ilustres cónyuges durmieran en el Palacio, en donde —dicen— se les había preparado una alcoba con una gran cama matrimonial, que ocupó solamente Carlota, puesto que Maximiliano mandó colocar para sí, en la pieza más lejana y apartada, un catre de campaña en el que pasó la noche.

El cumpleaños de Carlota

El 7 de junio, Carlota celebraba su cumpleaños. He aquí la crónica que apareció en un periódico poblano de la época:

Se ofició en la Catedral una solemne misa en acción de gracias al Todopoderoso, cantada por el ilustrísimo señor obispo de la diócesis, con asistencia de todas las autoridades, funcionarios y empleados, así mexicanos como franceses y de multitud de particulares, colocándose las señoras en la espaciosa tribuna preparada al efecto. Cuando concluyó la misa, la numerosa comitiva se dirigió al Palacio con objeto de felicitar a nuestra bella y amada soberana, que por un favor especial de la providencia pasaba entre nosotros el primer aniversario de su natalicio, que celebra en su nueva patria. Recibió primero a la comisión de señoras que presidía la recomendable esposa del señor prefecto político doña Guadalupe Osio de Pardo, quien en nombre del bello sexo de Puebla le presentó, en un portabouquet de oro esmaltado y adornado con piedras preciosas, un ramillete de escogidas y fragantes flores, que en su mudo y expresivo lenguaje le significaban el intenso amor y profundo respeto que le profesan las hijas de esta hermosa ciudad.

A las 7 de la noche se sirvió en palacio un magnífico banquete de más de 70 cubiertos, y a cosa de las 10 se dirigieron Sus Majestades a la antigua Alhóndiga, en cuyo salón principal debía verificarse un gran baile dedicado a la emperatriz por su cumpleaños.

Al ocuparnos de este suntuoso baile, el mejor sin duda de cuantos se han dado en esta ciudad, lamentamos más que nunca nuestra impotencia; porque querríamos presentar el cuadro bellísimo, encantador, que ofrecía aquella reunión tan selecta, tan elegante, tan llena de animación y de entusiasmo; más ya que por desgracia no podemos darle el brillante colorido, la luz y la vida del natural, tendrán que conformarse nuestros lectores con el pálido e incorrecto bosquejo, que ligeramente vamos a trazar. Comenzaremos por la descripción del local.

Desde la calle hasta el pie de la escalera una alfombra de olorosas flores cubría el pavimento; en los cuatro ángulos del patio se levantaban otras tantas colosales pirámides cubiertas, de la base a la cúspide, de vasos de cristal con vivísimas luces de colores, que producían un magnífico efecto e iluminaban perfectamente la entrada del edificio: los concurrentes pasaban por entre una vistosa valla de naranjos, de armas en pabellón y de haces de banderas.

Cuando penetramos en él tenía lugar una escena tan nueva como interesante: Su Majestad la emperatriz, acompañada de sus damas de honor, lo recorría dirigiendo cariñosos saludos a todas y a cada una de las señoras que se encontraban allí y que, en pie, esperaban y correspondían las expresiones de afecto con que las honraba la augusta y amable hija de los reyes. Esta excesiva cortesanía de Su Majestad; la presencia de más de cien señoras, las más notables de la población, vestidas en su mayor parte con tanto lujo como elegancia, formando un cuadro erizado no de bayonetas pero sí de agudos dardos, que en el momento preciso eran lanzados por aquellos ojos fascinadores, cuadro que ni el bizarro capitán del siglo habría podido resistir; la luz de centenares de bujías; los voluptuosos acordes de una armoniosa orquesta; la cálida atmósfera impregnada de suavísimos perfumes que en aquel lugar se respiraba, formaban un conjunto tan bello, tan maravilloso y tan embriagador.

Su Majestad la emperatriz se presentó con un sencillo y elegantísimo traje blanco de seda. En la cabeza llevaba una hermosa corona de diamantes y esmeraldas y dos rosas, blanca la una y encarnada la otra; y a fe que no podía haber escogido mejor tocado: pues en él veíamos simbolizada la dignidad real a que dan mayor realce la virtud y la hermosura. Un soberbio collar de diamantes y unas riquísimas pulseras también de piedras preciosas completaban su lujoso adorno, haciendo resaltar la magnífica belleza y la natural modestia de su simpática fisonomía.

No describimos los trajes de las señoras que concurrieron al baile porque emprender esa tarea sería no acabar nunca; bástenos decir que algunas iban vestidas con verdadero lujo y casi todas con excelente gusto. Quizá en otra vez podamos ocuparnos con algún detenimiento de los trajes que llamaron más nuestra atención y de algunos otros pormenores; por hoy nos limitaremos a decir que aun las personas más exigentes quedaron satisfechas, que nuestras amables paisanas ostentaron esa noche los encantos de que el cielo las ha dotado con mano pródiga, y que no habrá quien no recuerde con placer las horas que pasó en aquel espléndido baile, que por fortuna fue del agrado de los augustos personajes en cuyo honor tuvo lugar.

A las doce y media se retiraron Sus Majestades manifestándose altamente complacidos y dando repetidas veces las gracias con exquisita urbanidad. Desde el salón hasta su coche fueron acompañados por la mayor parte de los concurrentes en medio de las más vivas y entusiastas aclamaciones, pues todos a porfía se esmeraban en demostrarles el amor y la lealtad, el respeto y la admiración de que son y serán siempre el objeto más digno.

Tres días después, a las ocho de la mañana, Sus Majestades abandonaron Puebla. En las afueras de la ciudad esperaba nuevamente una escolta de honor de hombres a caballo, especie de milicia bien armada, la cual, cabalgando junto a la carroza imperial, los acompañó hasta la estación vecina, donde otra caravana la sustituyó. A través de molestos traqueteos, se desviaron del camino real para entrar a Cholula. En este punto se considera de interés transcribir las palabras de la condesa Kolonitz, que continuaba en el cortejo imperial, refiriéndose a la recepción de que fueron objeto:

> En ningún lugar nos hicieron un recibimiento tan espléndido como aquí; y aunque los europeos se complazcan pavoneándose con un poco de arrogancia y los habitantes de esta otra parte del globo los tengan en más de lo que en realidad son, si aparentábamos estar deslumbrados y orgullosos, era por no sentir vergüenza de nosotros mismos y casi encontrarnos ridículos en medio de aquellas extraordinarias ovaciones.

En Cholula los llevaron a visitar la célebre pirámide prehispánica que se encuentra en sus cercanías y ahí pasaron toda la mañana. Un sacerdote celebró la misa sobre la piedra sagrada donde los antiguos aztecas ofrecían sacrificios humanos, la cual —dicen— se conserva en la capilla de Nuestra Señora de los Remedios. Dicen que aquel misticismo fascinaba a Carlota. Se consideraba como el ángel de una nueva cruzada emprendida contra el ateísmo, la anarquía y el crimen: olvidaba las fatigas del camino pues se sentía predestinada por Dios.

Pero era preciso continuar el viaje y recorrieron un pintoresco camino hasta llegar a San Martín Texmelucan al anochecer. Ahí cenaron —la crónica dice que les prepararon una cena exquisita que consistía en platillos nacionales— y pernoctaron. A las cinco de la mañana continuaron el viaje con el fin de llegar a la capital al oscurecer. Cruzaron las frondosas gargantas del Río Frío, escalaron las pendientes escarpadas que conducían a la región de las tierras frías y guardaban el corazón de México. En el poblado de Río Frío fueron recibidos por varios oficiales franceses que los honraron con una colación que les tenían preparada, y sin más demoras prosiguieron su viaje hasta encontrarse, pocas horas después, frente al Valle de México.

En la Ciudad de México

Según un monárquico, promotor del Imperio de Maximiliano, Francisco Paula Arrangoiz, a las nueve de la mañana del 11 de junio, "salían por la garita de San Lázaro de la Ciudad de México ciento setenta y tantos carruajes, conteniendo lo mejor que de la hermosura, en ciencia y posición social contiene la capital del Imperio. La comitiva se dirigió al llano de la hacienda de Aragón, por donde debían pasar Sus Majestades. Al llegar a ese lugar eran más de doscientos los carruajes, todos particulares, y los lacayos vestían lujosas libreas. En el punto convenido por el comité de organización, ésta se detuvo formándose en ala los carruajes: los de las señoras que eran abiertos, a la derecha, y los de los caballeros a la izquierda, colocándose en el centro de la carroza de gobierno tirada por cuatro soberbios frisones. A la comitiva se le sumaron cerca de quinientos jinetes de lo más florido de la juventud mexicana. A las diez y media de la mañana llegó la caravana al Llano de Aragón y colocada en orden, aguardó la llegada de los emperadores. Una comisión de jinetes se adelantó a anunciar al emperador que la ciudad de México, representada por una multitud de señoras, propietarios, comerciantes, abogados y hombres de ciencia, aguardaban en el Llano de Aragón a los ilustres monarcas, nuncios de la Unión y de la Paz.

"Maximiliano contestó en términos afectuosos y benévolos hacia los mexicanos —dice Paula Arrangoiz—. Vimos que estaba conmovido, y sabemos también, que indicó al señor Luis G. Cuevas, presidente de la Comisión, que las señoras corrían peligro de ser atropelladas por los caballos de los jinetes, que fuera de sí por el entusiasmo, se confundieron con la comitiva de a pie. El señor Cuevas manifestó que Sus Majestades estaban al rayo del sol, y que por lo mismo suplicaba a la concurrencia que se abriese para que los ilustres monarcas siguiesen su camino. Así se verificó, atravesando Sus Majestades en medio de la buena sociedad de México, en cuyo centro tuvimos el gusto de contemplarlos por algunos momentos".

Poco más tarde arribaban a la Basílica de Guadalupe que se erguía singular, con el aspecto moscovita que le daban sus torres y su cúpula octagonal. Resplandecía en su interior porque sus muros estaban recubiertos con estuco blanco orlado de oro, y en el fondo, encima del altar mayor, de mármol, rodeado por una verja de plata, la imagen sagrada de la Virgen protectora de los indios mexicanos, la Virgen morena, parada sobre la media luna, se aparecía vagamente, como en sueños, pintada sobre una ordinaria tela de hilo de pita. Engalanada por cortinas y con varios arcos de vistosas flores, la Villa Guadalupana no podía contener el gentío que ocupaba sus calles, plazas, azoteas y campos vecinos. Tropas francesas y mexicanas formaban valla hasta la Colegiata.

A las dos de la tarde, el estampido del cañón y los repiques a vuelo anunciaron la aproximación de Sus Majestades y el gentío que ocupaba el centro de la villa se adelantó a su encuentro vitoreándolo. Bajo el arco inmediato a la estación del camino del hierro, recibieron a los monarcas las autoridades políticas y municipales de Guadalupe y los señores prefectos político y municipal y el Ayuntamiento de México. También fueron recibidos bajo palio por los arzobispos de México y Michoacán, el obispo de Oaxaca, Abad y Cabildo de la Colegiata, yendo hasta el templo a pie y circundados de inmenso gentío, que no cesó un punto de saludarlos y poblar de aclamaciones el aire, cada vez con mayor entusiasmo. "Ni un punto cesaban tampoco Sus Majestades de corresponder afablemente a las manifestaciones del cariño popular, tan generales cuanto sinceras y espontáneas" —escribe Paula Arrangoiz.

En el templo, esmeradamente adornado e iluminado, una excelente orquesta hizo oír sus melodías a la entrada de los emperadores, quienes ocuparon el trono erigido en el presbítero, haciendo patente su piedad religiosa: oyeron misa prosternados ante la imagen de la Guadalupana. Una vez terminado el oficio, tomó la palabra el prefecto político de México que en nombre de las autoridades políticas y religiosas de la ciudad de México, les daba "el parabién por su feliz arribo a las puertas de la ciudad en que está erigido el trono que les han levantado los mexicanos". Una vez más se escucharon los vivas de toda la concurrencia, y siguió un profundo silencio porque el emperador habló:

> Vivamente conmovido —dijo— por la entusiasta acogida que he recibido en todas las poblaciones de mi tránsito, mi emoción y mi gratitud adquieren mayor intensidad al hallarme a las puertas de la capital, viendo reunidas para felicitarme a sus principales autoridades, en un lugar tan respetado y querido para mí y para la emperatriz, como para todos los mexicanos. Admito complacido vuestras felicitaciones, y os saludo con la efusión de quien os ama y ha identificado su suerte con la vuestra.

No lejos, la capilla del Cerrito mostraba bizarramente su arquitectura morisca, con sus estrelladas ventanas encuadradas por ondulaciones blancas y negras. Y a sus pies se extendía el magnífico panorama del Anáhuac, la vasta meseta limitada por la Sierra Madre, dominada por el caos de cimas donde reinaban las altivas siluetas de los volcanes, el Popocatépetl y el Iztaccíhuatl: un país, México, cuya belleza recordaba la Lombardía perdida y colocada en medio del imperio como una fortaleza.

Más abajo reverberaban los lagos de Texcoco, Xochimilco, Chalco y Xaltocan, especie de mar interior a más de 2,000 metros de altitud, sobre el cual había conquistado el hombre, poco a poco y desde muchos siglos antes, un lugar, en donde levantó su morada. El aire era suave, el sol cálido, "como en Niza" —pensaría Carlota—. Sobre los declives abundaba el mezquite, de ramas de color amarillo pálido; la yuca de campanillas blancas, y matorrales de corolas rojas y, sobre todo, como un *leit motiv* de decoración, enormes cactos (nopaleras) y monstruosas plantas de maguey, cada una de los cuales lanzaba su mango coronado por unas girándulas de flores de oro.

Tal era el marco que rodaba el lugar en que Maximiliano y Carlota iban a encontrar la capital de su reino, un majestuoso cuadro donde les aguardaban más o menos doscientos mil habitantes y cincuenta mil pordioseros; una ciudad frívola y perezosa, destruida y reconstruida por Hernán Cortés con la lava roja de los volcanes y el gris amarillo de los pantanos; una metrópoli llena de teatros, espectáculos, exposiciones, cafés cantantes, plazas de toros y palenques para peleas de gallos. Ávida siempre de fiestas, esperaba desde hacía ya varias semanas a los nuevos soberanos.

II

Emperatriz de México

El reino prometido

> *Los pueblos no están hechos para los soberanos,*
> *sino los soberanos para los pueblos.*

Maximiliano I

uando al archiduque Maximiliano se le ofreció por primera vez la corona de México, una de las condiciones que puso fue la de contar con la opinión favorable del pueblo mexicano. Para cumplimentarla, el mariscal de Francia, Elías Federico Forey —comandó la intervención francesa en 1862 y ocupó la Ciudad de México—, convocó un plebiscito que comprendió de pronto la capital mexicana y otras poblaciones vecinas. Éste se hizo bajo la vigilancia y presión del ejército ocupante. Más tarde se exigiría que la nación toda se manifestase, lo cual tuvo que realizarse a medida que avanzaba la ocupación militar del país. Al recibir a los Notables en Miramar, el 3 de octubre, Maximiliano reafirmó que su aceptación al trono dependería en primer lugar del resultado de los votos de la generalidad del país, luego del asentimiento que su hermano el emperador Francisco José le mostrara y con el auxilio de Dios. Enseguida indicaba a los monarquistas cuál era su ideario y programa político a establecer en México al afirmar:

Si la providencia me llama a cumplir la alta misión civilizadora que esa corona conlleva, os declaro desde ahora la firme resolución de seguir el saludable ejemplo de mi hermano el Emperador, abriendo al país, por un régimen constitucional, la larga vía de progreso basada en el orden y la moral, y de sellar por mi juramento, tan pronto su vasto territorio sea pacificado, un pacto fundamental con la nación. No es sino así que se podrá instaurar una política verdaderamente nacional, debido a la cual los diversos partidos, olvidando sus antiguos resentimientos, trabajen en común para colocar a México en el sitio preferente que le está destinado entre todos los pueblos, bajo el gobierno que tenga por principios hacer prevalecer la equidad en la justicia.

Cuando en septiembre de 1861 Maximiliano recibió al ministro de Negocios Extranjeros en Austria, el conde de Rechberg, a quien comisionó don José María Gutiérrez Estrada para ofrecerle en nombre de los monarquistas mexicanos el trono de México, Maximiliano exigió, además del voto de los mexicanos, que su gobierno fuera apoyado por Francia, Inglaterra y España. Al disolverse la Triple Alianza, esa condición resultaba imposible. Por ello, cuando la Asamblea de los Notables se presentó a recoger la respuesta definitiva del príncipe, el 9 de abril de 1864, Maximiliano no impuso ya esta condición, y en virtud de que los problemas que tenía pendientes, como eran su posible acceso al trono austriaco, habían sido resueltos mediante una renuncia que no le satisfizo, y como tampoco había visto con buenos ojos, pues su ambición era mayor, el trono de Grecia que le propusieron la reina Victoria y lord Palmerston, Maximiliano aceptó la corona mexicana que se le ofreció.

La monarquía que le proponía no era absolutista ni despótica, al contrario, las acciones del monarca se verían limitadas y encauzadas por el imperio de la ley y por la intervención de cuerpos intermedios en los que estarían representados todos los "intereses" de la sociedad. Y como el pueblo estaba fatigado por tanta lucha —la Guerra de Reforma y la Intervención Francesa—, y deseoso de un cambio que mejorara la situación general de país, recibiría entusiasmado a los jóvenes extranjeros, quienes estaban apoyados por un ejército de ocupación bastante potente.

Napoleón III había presionado a Maximiliano para que aceptara el trono de México como parte de su política imperial, aunque después cayó en cuenta que la instauración de la monarquía en México no era empresa fácil ni sencilla, y además costosa. Asimismo, la expedición militar gravaba fuertemente el erario francés, y el Congreso, en el que figuraban muchos opositores suyos, no estaba dispuesto a votar sumas adicionales para sostener un ejército en México, cuyas finalidades no se veían muy claras y sí bastante peligrosas, dados los cambios que se operaban en la política europea.

Napoleón III, al prometer su apoyo a Maximiliano, lo hizo a través de un convenio, el Tratado de Miramar, firmado en ese lugar el 10 de abril de 1864, mediante el cual se comprometía a prestar a Maximiliano ayuda militar hasta 1867, fecha que se pensaba que el Imperio mexicano debería tener una armada propia debidamente organizada. En ese año se retirarían las tropas francesas, las cuales deberían ser pagadas desde el momento de su salida de Europa. Esto significaba que el apoyo militar francés a los conservadores para que estableciesen un sistema monárquico en México, tenía que ser cubierto con crecidos intereses por ese país, hecho que gravaría extraordinariamente la rehabilitación económica de México. Por otra parte, no se dejaba a la administración hacendaria mexicana el manejo de los ingresos y egresos, sino que se imponía a la misma, como medio de recuperar el dinero prestado, un grupo de funcionarios franceses encargado de manejarla.

Bien informados estaban los liberales de cuántos compromisos y componendas acordaban los partidarios de la intervención y del Imperio en Europa, y sobre ser el Imperio artificioso y contrario al desarrollo político y social de México, no era, por otra parte, una solución bien intencionada que interesara tan sólo al porvenir del país, y tan absolutamente desinteresada que únicamente aspirara a encauzarlo por el orden institucional poniendo término a una anarquía de medio siglo, sino que tras él, sutilmente oculta, se percibía una finalidad ulterior, potente, firme, decidida, dispuesta a la agresión no abierta, sino disfrazada con razones muy especiales. Tras la implantación del Imperio de Maximiliano, se encontraban las ideas del "pequeño Napoleón" dispuesto a pasar a la historia como digno sucesor del gran Napoleón Bonaparte, pero cuyas ideas imperiales distaban mucho de ser las del vencedor de Austerlitz. Así pues, la realidad era que el Imperio de Maximiliano quedaría del todo supeditado a Napoleón III, quien se convertiría por ello en el auténtico emperador. De ese hecho derivaría una guerra abierta, no entre el Imperio y la República, sino entre México y Francia. A esos extremos se exponía a ambos países como consecuencia de una desmesurada ambición.

Cuando Maximiliano y Carlota desembarcaron en Veracruz, dirigieron a la Nación un manifiesto en el cual señalaban que acudían al llamamiento que les habían hecho para dar término a combates y luchas desastrosas y obtener la paz, asegurar su independencia y gozar de los beneficios de la civilización y del progreso.

Y el 12 de junio de 1864 se escuchó el grito de ¡Viva el emperador! en los barrios de Santiago, Tlatelolco y Santa Ana, que por la garita de Peralvillo, daban acceso al mismo corazón de la Ciudad de México.

No bien el Ayuntamiento de México publicó el programa en que indicaba las calles por donde Sus Majestades pasarían, cuando ya todas las personas trataban de contar con un sitio seguro para verlos. Los balcones de las calles de Plateros, Vergara y San Andrés fueron alquilados a precios fabulosos, llegando a valer desde cien hasta quinientos pesos cada uno. El camino de Morelia, de Toluca, del Interior y de todos los puntos del Imperio, era un cordón no interrumpido de gente que en carruajes, a caballo y aun a pie, venía a la capital, ávida de presenciar el solemne acto de la recepción de sus monarcas, siendo tal la afluencia de forasteros en México, que no encontrando ya posada, ni menos dónde alojarse, tuvieron que tomar habitaciones en lo más retirado de la ciudad a precios sumamente exorbitantes.

A pesar de que era temporada de lluvias, el día 12 del mes de junio amaneció radiante. Una enorme muchedumbre avanzaba a lo largo de las aceras, en las calles que desembocaban en el centro de la capital mexicana, a la sombra de las casas de dos pisos pintadas de colores neutros, dominando el amarillo. Por todos lados se veían rostros sonrientes y entusiastas asomados en ventanas y por encima de las galerías almenadas o festoneadas que rodeaban las azoteas. Se hallaban mezcladas las diferentes clases sociales: blancos vestidos a la última moda de París o de Madrid; ricos rancheros envueltos en sus mantas con sus altas botas tipo vaquero, agitaban los sombreros de jipijapa; mujeres con zapatos de satén y vestidos de seda, tocadas con su mantón bordado a guisa de mantilla española; sacerdotes con la ridícula teja de anchas y largas alas, cuello blanco o azul; frailes con sandalias; bribones embozados en sus capas de algodón blanco; indios de pómulos salientes y a cuyos cráneos rapados servían de adorno dos largos mechones que flotaban en las sienes... De todo aquello unido brotaba una inmensa aclamación. Llovían flores, y también versos escritos en papelillos de colores. Y según iba avanzando por las calles de México el cortejo, éste era objeto de tales arrebatos de alegría, aumentaba el estrépito, y los vivas se mezclaban con el repique ensordecedor de las campanas de sesenta y ocho iglesias, el estampido de los cañones y el seco estallido de los cohetes.

—¡Viva el emperador! —repetía la gente sin cesar al paso del cortejo imperial.

Arco de triunfo levantado en la Ciudad de México en honor de Maximiliano.

Poco antes de penetrar en la primera calle de Plateros, se elevaba en la Plaza de Armas un suntuoso arco dedicado al Emperador, arco majestuoso, de orden romano, de bellísimas proporciones, que revelaba inmediatamente las hábiles inteligencias que lo concibieron y lo llevaron a cabo. Sobre el cornisamiento se podía admirar un friso donde estaban representadas, en bajorrelieve, la Comisión de Miramar y la Junta de Notables, sobre ese acabado friso, que servía como de zócalo, se destacaba la estatua del emperador: a su derecha tiene la figura que representaba la Equidad, y a la izquierda la Justicia; ambas de un mérito sobresaliente y de gran efecto.

Dicen las crónicas que los estados del país compitieron, a través de una Comisión, para el adorno de las calles, y que las mejor adornadas eran la primera de Plateros a cargo de la Comisión de San Luis Potosí, la segunda de Plateros por el distrito de Tulancingo y la de Vergara que correspondió a los guanajuatenses.

Ese día, el 12 de junio, desde las ocho y media de la mañana, en la estación del camino de hierro convertida en un vasto salón, en cuyo centro se levantaba un trono provisional, y cuya alfombra, en todo lo largo del mismo salón, llegaba hasta cerca de los rieles del ferrocarril, se había reunido la comitiva oficial que marcharía a la villa de Guadalupe, y que salió presidida por el prefecto político de México. Una vez que llegó al edificio del Cabildo de la Colegiata, aguardó a los emperadores en una sala contigua a las alcobas imperiales, y a la cual fueron entrando sucesivamente el gran mariscal de la corte, las damas de honor y otras personas de la casa de Sus Majestades.

Serían las nueve cuando los emperadores, que ya habían oído misa en la Colegiata, salieron de sus habitaciones, seguidos de la comitiva, y a pie, y correspondiendo a las salutaciones y aclamaciones de la gente agolpada en el tránsito, fueron a la estación del camino de hierro, a tomar el tren que debía traerlos a México. El vagón destinado a los emperadores estaba ricamente alfombrado; tenía el techo de seda azul celeste, cornisa de metal dorado, colgaduras de raso blanco; y en el fondo, un camarín forrado de seda carmesí con dos magníficos sillones: fuera del camarín había asientos para los miembros de la Casa Imperial, en cuya misión venían el ministro de Estado, Velásquez de León, y el señor Iglesias, secretario particular. Entre repiques y salvas de artillería, partió el tren luego que las autoridades y demás personas de la comitiva ocuparon los otros vagones. El edificio de Santiago Tlatelolco, el de Tecpan y hasta las casas más miserables del camino tenían banderas o cortinas, y cerca de las vías del tren se agrupaban los campesinos, con palmas algunos y el sombrero en la mano casi todos, a ver pasar a Sus Majestades Maximiliano y Carlota.

—¡Viva el emperador! ¡Viva Maximiliano Primero! ¡Viva la emperatriz Carlota!

Eran aclamados por los generales de División y de Brigada, comisionados para acompañarlos hasta la entrada cuando los emperadores se dirigieron a la carroza que allí les aguardaba. Tras haber montado los monarcas, se puso en movimiento toda la comitiva, con arreglo al último programa publicado, abriendo la marcha, en dos filas, un regimiento de lanceros mexicanos y los escuadrones de húsares y de cazadores franceses, con sus altos chacós con sus plumas o sus gorros anchos y sus chaquetillas con alamares; les seguían los prefectos político y municipal, personas de la Casa Imperial, las damas de honor, el ministro de Estado, el gran mariscal de la corte y los emperadores, que traían caracoleando a la derecha de la carroza, los caballos de dos generales, uno era Woll y el otro, un hombre gordo y muy vulgar, de astuto mirar y gruesos labios, era el general Bazaine. A la izquierda venía el general mexicano Salas y cerrando la marcha el general Barón de Neigre, los generales mexicanos y el Estado Mayor, tras el cual venía la columna engrosándose con las tropas que formaban la valla en toda la carrera. Cuenta la crónica del promotor imperialista Paula Arrangoiz que "al llegar al arco de la Paz, en la esquina de La Mariscala, algunos niños del Hospicio de Pobres allí formados bajo la vigilancia de su respectivo regidor, ejecutaron un himno ensayado para tal ocasión".

En su trayectoria hacia la Catedral Metropolitana, la carroza imperial se detuvo en varios puntos: en el grandioso edificio de la Escuela de Minas, perfectamente adornado y repleto de gente agolpada en azoteas, balcones, pórticos, donde, hasta de las molduras, salían millares de flores, cintas, versos en papel de color; los niños batían las palmas, las señoras agitaban sus pañuelos, los hombres sus sombreros, y de todos los labios partían gritos de júbilo y bienvenida. Los emperadores, correspondían afablemente a esas demostraciones de cariño y uno y otro saludaban agitando levemente su mano. Volvieron a detenerse en la calle de Vergara, frente al Gran Teatro, en cuyo vestíbulo había un trono provisional y donde bajo un lienzo y en mitad de la calle, aguardaban para darles la bienvenida varios comisionados guanajuatenses y señoras distinguidas de México. También en la tercera calle de San Francisco fueron abordados por personalidades del club alemán, en cuya casa se desplegaba la bandera belga; y en el atrio de la Profesa la Comisión de Michoacán les cantó un himno. Y apenas volvían a ponerse en marcha, habían de detenerse porque se acercaban niñas a entregarles ramos de flores.

Al llegar la comitiva a Catedral, fue recibida en el atrio por diferentes comisiones de los estados del país. Y del recinto salieron los arzobispos de México y de Michoacán, los obispos de Oaxaca, Querétaro y Tulancingo, y otros muchos miembros importantes del alto clero para recibir a Sus Majestades. Las naves y los altares de Catedral estaban muy bien iluminados y adornados con cortinas y colgaduras de terciopelo carmesí con franjas y borlas de oro, en el altar de los reyes, en el tabernáculo y la cornisa; grandes flámulas o gallardetes se hallaban suspendidos de las bóvedas, y trofeos de grandes banderas, mexicana, francesa, austriaca y belga, habían sido colocados cerca al tabernáculo. Maximiliano y Carlota ocuparon el trono preparado en el presbiterio, a cuyos lados formaron alas unos cuantos guardias de Corps, y en honor de Sus Majestades se cantó un *Te Deum*. El emperador vestía uniforme militar y llevaba sombrero de tres picos de general mexicano, y al pecho la banda y las insignias de Gran Maestre de la Orden de Guadalupe. La emperatriz llevaba un traje de seda azul y blanco, manteleta azul, y sombrero sin otro adorno que unas flores. La sencillez de su atuendo era una lección elocuente contra el lujo, y hacía resaltar las gracias naturales de su semblante lleno de bondad y dulzura. Concluido el *Te Deum*, la comitiva se puso en marcha, a pie, hacia al Palacio, acompañando a los emperadores hasta la puerta, los arzobispos, obispos y los miembros del cabildo y del clero.

En una sala del Palacio de Gobierno, cuya puerta estaba guardada por alabarderos perfectamente vestidos y armados, Maximiliano y Carlota ocuparon su lugar en el trono y después fueron saludados y felicitados por un gran número de personas que, conforme a la etiqueta, nombró el gran maestro de ceremonias. Terminadas las felicitaciones, el emperador con voz clara y varonil contestó a todas ellas en términos breves y afables, y bajó del trono con la emperatriz, siendo vitoreados entrambos tres veces por la concurrencia.

"Numerosa era la recepción del pueblo —nos dice el cronista Paula Arrangoiz—, reunidos en la Plaza de Armas frente al palacio, con el deseo de ver a Sus Majestades nuevamente. Tal deseo les fue cumplido porque el emperador y la emperatriz salieron al balcón principal y saludaron a la multitud que agitaba millares de sombreros sobre aquel mar de cabezas humanas, lanzando aclamaciones cuyo estrépito se sobreponía al de las bandas de música y al clamor de las campanas de la Catedral que de nuevo repicaron a vuelo".

Ese día llegaba un emperador a la capital, en una carroza, objeto del triunfo, aquel en quien los indios querían ver al hombre de la profecía azteca —Nezahualcóyotl—; el semidiós de rubios cabellos y azules ojos, que había marchado misteriosamente al Oriente y cuyo regreso esperaban: en realidad era el archiduque de Austria Fernando José Maximiliano, un Habsburgo de unos treinta años, piel blanca y rojas patillas, cara de ensueño y de melancolía. A su lado iba su mujer, la princesa Carlota, tal como la pintó Winterhalter —alta de estatura, un poco altiva, y cuyo rostro regular, lleno de energía y de inteligencia, reflejaba la fuerza persistente de la sangre de los Borbones.

Quien hubiese observado atentamente a aquella pareja, vástagos de las dos familias más ilustres de Europa, trasplantados bruscamente a un país exótico, se hubiera convencido de que era ella la que vivía y saboreaba aquel triunfo con la más ardiente plenitud. Todo resplandecía en su actitud y en su fisonomía: su perfil desdeñoso, en el que revivía su abuelo Luis Felipe, rey de Francia; su voluntarioso mentón, sus ojos como iluminados por una llama interior. Muy erguida en su asiento, dominando aquella multitud de mestizos, indios, criollos y españoles, parecía traer un místico remedio a los males, odios y discordias de ellos; una especie de misión imperial, cuyo depósito misterioso y divino había recibido.

Maximiliano y Carlota

Hay que saber adivinar los deseos de las mujeres y de los pueblos y ofrecerles su realización como una sorpresa, antes que los hayan expresado; obrando así, se hace uno agradable a ellos, pero se da prueba de superioridad y se conservan las riendas del gobierno.

Maximiliano I

Maximiliano de Habsburgo y Carlota Amalia de Bélgica representaban a las familias reales más antiguas y poderosas de Europa.

Después de un largo día de interminables actos de recibimiento, sus anfitriones instalaron a Maximiliano y a Carlota en un hermoso palacio, pero tan sucio y poco confortable, que dicen que el emperador prefirió dormir sobre una mesa de billar para librarse de una cama llena de chinches. Refieren las crónicas que "muchos pares de ojos los espiaban por detrás de las cortinas, curiosos y fascinados por la mata de su rubia barba y el azul de sus pupilas".

En su libro *Un viaje a México en 1864*, la condesa Kolonitz describe cómo eran los departamentos imperiales que les habían preparado a Sus Majestades: "Eran augustos y de incómoda disposición —escribió—. A pesar de que la simplicidad reinaba en todo, faltaba el buen gusto en los ornamentos de modo que el emperador podía sin escrúpulos mudar las cosas de modo que mejor le conviniera. No había una sala en la cual se pudiera recibir o tener invitados a la mesa; cada estancia más parecía una galería pues todas eran estrechas y bajas". Sin embargo, dice la misma referencia que estaban trabajando a marchas forzadas para remodelarlos.

Muy pronto se mudarían a la casa de campo que el virrey Matías de Gálvez había edificado en el hermoso bosque de ahuehuetes centenarios de Chapultepec, en la que el primer presidente de México, Guadalupe Victoria había creado un jardín botánico y en los años cuarenta se había establecido el Colegio Militar desde donde se defendió la capital durante la invasión norteamericana en 1846. La arquitectura era fea y estaba muy deteriorado, por lo que no pudo ser habitado enseguida. Pero Maximiliano sólo quería un pabellón y todos los esfuerzos de los arquitectos europeos para que los trabajadores mexicanos lo repararan en el menor tiempo posible resultaron inútiles. Mas el emperador se propuso apurar las obras y a los ocho días él, la emperatriz y su séquito, ya lo habitaban.

Tanto les gustó el lugar a los emperadores que pusieron "especial empeño en hermosear y alhajar el Castillo" hasta convertirlo en lo que un historiador llamó "El paraíso de Chapultepec": mandaron remodelar las construcciones y los jardines de manera que se parecieran al castillo de Miramar en Italia, que según testimonios de la época, "era de una belleza inimaginable" y las decoraron de manera espléndida con los muebles que les regaló Napoleón III y que colocaron en salas, salones y comedores. Además mandaron arreglar los jardines y construir una ancha avenida a la que se llamó Paseo de la Emperatriz.

De acuerdo con la costumbre de la época y sobre todo a la usanza de la realeza y de las altas esferas sociales, se mandaron acondicionar habitaciones separadas en distintas áreas del castillo. La de Carlota era enorme, con el piso de tablas barnizadas cubierto casi en su totalidad por finos tapetes. "Debido a esto la habitación parecía más que el de una residencia, el cuarto de un hotel europeo. Contaba con un lujoso baño con tina de alabastro y daba a un jardín privado. Las ilustres damas mexicanas que formaban su corte, 'sus amadas súbditas y ardientes servidoras' —como ellas mismas se decían—, le obsequiaron un tocador trabajado artísticamente en cada detalle, de plata labrada, el cual según cuenta una de ellas, 'les costó muy caro, porque tenía cinco pies de altura y un ancho marco circundado por completo de guirnaldas y ramilletes de plata cincelados en relieve y con la corona imperial sostenida por dos grifos'".

Parece que tanto a Maximiliano como a Carlota les gustó México y fueron felices de vivir aquí —a pesar de las diferencias entre ellos—, hasta que empezaron las complicaciones políticas y militares. Al menos eso es lo que indica su correspondencia: "Soy completamente feliz aquí y Max también", —escribió la emperatriz a su abuela María Amelia—. "El país es hermoso y fértil" —anotó él.

Se dice que a los príncipes europeos les agradó el país con sus costumbres, su gente, sus casas, la comida, los trajes regionales y la música. Cuentan las leyendas populares que el emperador no se quitaba el sombrero de charro ni para dormir y que Carlota empezó a ir a misa con mantilla, a las ceremonias de Semana Santa vestida de riguroso luto y a las fiestas patrias engalanada y adornada con encajes y joyas, lo mismo que hacía en la fiesta de cumpleaños del emperador, en el aniversario de la aparición de la Virgen de Guadalupe y en las ocasiones solemnes como la colocación de la primera piedra para un monumento de la Independencia de México que ella promovió, pero que nunca se concluyó; que a ambos les fascinaban las extrañas costumbres, sobre todo a la mujer, quien "aprendió a beber agua en la cáscara de una calabaza y a bañarse con una especie de esponja de pasto a la que llamaban estropajo".

Maximiliano decidió instalar su gobierno en el castillo de Chapultepec. La mayor parte de sus colaboradores eran extranjeros, aunque también trabajaron bajo sus órdenes importantes mexicanos. La mayoría pensó que el Imperio lograría lo que no habían podido cuarenta años de gobierno republicano: hermanar el orden con la libertad. A sus ojos, el gobierno de un príncipe extranjero, sin más cuerpos deliberantes que un Consejo de Estado designado, y sin más elecciones que las municipales, tenía la ventaja de suspender, momentáneamente, la lucha política que había sido tan desgarradora. El imperio representaba así un periodo de tregua, de respiro, que debía aprovecharse para construir una máquina administrativa eficiente. Ésta pondría en manos del Estado nacional los instrumentos, tanto institucionales como normativos, que le permitirían asegurar, en todo el territorio, el orden y los derechos civiles de sus ciudadanos.

Los colaboradores del emperador eran caballeros muy correctos, lo mismo que las damas de compañía de la emperatriz, entre las que había una que era descendiente de Moctezuma y otra de Nezahualcóyotl, señoras muy finas a las que, sin embargo, ella no trataba con delicadeza. Dicen las referencias que el protocolo las obligaba a mantenerse de pie mientras la soberana comía, escuchaba música o descansaba y que esto muchas veces las hacía desfallecer. Y si le pedían autorización para sentarse, ella se las negaba aunque alguna estuviera enferma o embarazada. Y es que a la emperatriz le molestaba que las damas mexicanas fueran perezosas, que se levantaran tarde y que comieran todo el día.

Por su parte la condesa Kolonitz dejó su testimonio en el tan mencionado libro de su viaje a México: "A las damas mexicanas jamás las vi con un libro en las manos como no fuera el de las oraciones, ni jamás las vi ocupadas en ningún trabajo... Su ignorancia es completa y no tienen idea de lo que son la historia y la geografía. Para ellas Europa es España en donde viene su origen, Roma donde reina el Papa y París de donde llegan sus vestidos". ¿Incomodaría tanta indolencia e ignorancia a una mujer tan educada y culta como lo era la emperatriz? De ella, de Carlota, la condesa refiere, como parte de un retrato, que desde "muy joven desarrolló al máximo grado el amor al estudio, el placer por la lectura, la vasta inteligencia y la sorprendente faci-

Chapultepec se convirtió en el lugar preferido de Maximiliano y Carlota, quienes quisieron que tuviera el esplendor de las mansiones reales europeas.

lidad para retener las cosas". Y agrega que "como parte de su carácter era dueña de una gran franqueza y lealtad. Poseía una gracia natural y seductora; amor a la justicia, a lo bello a lo bueno..." Aparte, dominaba cinco idiomas.

Le molestaba también que sus damas fumaran mucho, "todo el tiempo echaban humo y dejaban caer las cenizas por doquier". Pero parece que lo que más le indignaba era que fueran tan ignorantes al punto que si se les preguntaba por algún hecho histórico o por el nombre de un prócer o de un árbol, ninguna le sabía dar razón.

Esta es una lista de las damas de la emperatriz Carlota en México:

Sra. Lizardi del Valle
Sra. Escandón de Landa
Sra. De la Peña de Hidalgo
Sra. De Peña
Sra. De Salas
Sra. Vivanco de Cervantes
Sra. Blanco de Robles
Sra. Rocha de Robles
Sra. De Esteva
Sra. De Almonte
Sra. Del Barrio de Campero
Sra. Robles de Bringas
Sra. Moncada de Raigosa
Sra. Rincón Gallardo
Sra. Gutiérrez Estrada de González Gutiérrez
Sra. Almonte de Herrán
Sra. De Uranga
Sra. Garmendia de Elguero
Sra. Cervantes de Morán
Sra. Tagle de Adalid

Por otro lado, los contemporáneos del Segundo Imperio refieren que Sus Majestades sólo estaban juntos cuando el protocolo lo exigía y el resto del tiempo cada cual hacía sus propias actividades. Eso sí, ofrecían muchas fiestas, bailes, recepciones y banquetes a los que invitaban a caballeros y damas de ilustres apellidos, quienes asistían con elegantes vestidos y ricas joyas, y cumplían religiosamente el complicado ritual social de la corte. Cuentan que en los banquetes se servían platillos estilo alemán que no gustaban al paladar de los mexicanos y que por eso después de cenar se iban a su casa y pedían que les sirvieran sus acostumbradas comidas mexicanas.

A Carlota le gustaban mucho las habaneras (música de la época) que entonces estaban de moda, como las del compositor Macedonio Alcalá, o las que cantaba en el Teatro Principal, Concha Méndez, y que tiempo después, cuando la emperatriz regresó a Europa, le dedicó con lágrimas en los ojos. Esta tonadilla se volvió muy popular, y un siglo y medio después es aún conocida:

> *Si a tu ventana llega una paloma,*
> *trátala con cariño que es mi persona.*
> *Cuéntale tus amores, bien de mi vida,*
> *corónala de flores que es cosa mía.*

El emperador quiso inventar una nobleza y organizar el protocolo. Se ocupaba también con el ceremonial, en diseñar uniformes y hologramas para las vajillas y la papelería. Maximiliano estaba muy preocupado por la sucesión, dado que ellos no tenían hijos y por lo tanto no había heredero. Tres veces ofreció el principado: una al hijo de uno de sus hermanos, otra a un niño indígena y una más al nieto de Iturbide, pero ninguna cuajó.

La emperatriz, por su parte, atormentada por el deseo de dar al pueblo el respeto de la autoridad, organizaba suntuosos cortejos, asistía a todas las ceremonias públicas con la corona y el gran cordón de su orden de San Carlos, al son de las campanas, de los cohetes y del cañón. Para corregir el mal efecto del sencillo traje de cuero que llevaba todos los días su augusto esposo, ella salía cotidianamente en un coche tirado por empenachadas mulas con collares de cascabeles, vestida ella misma a la mexicana, tocada con la mantilla y envuelta en un fino rebozo.

Además, pudo cumplir su sueño de gobernar, que desde siempre fue lo que más deseó. Antes de salir hacia México, en Miramar, Maximiliano la había nombrado Regente para cualquier caso de contingencia que le hiciera a él tener que abandonar los asuntos del reino. Y al llegar a México, dio instrucciones de que "durante mi ausencia todos los negocios deberán ser sometidos diariamente a la emperatriz. La emperatriz presidirá en mi nombre los Consejos de Ministros y dará las audiencias públicas".

Uno de los historiadores que escribió sobre el Segundo Imperio dice que ese trabajo lo hacía bien: "Cuando Carlota se quedaba como regente era cuando se hacían las cosas, cuando de verdad México tenía un gobernante que sabía tomar decisiones". Otro de ellos, considera que Carlota era una mujer que "había nacido para altos destinos y con un altísimo sentido de responsabilidad... una verdadera *Femme d' État* (Mujer de Estado)".

Maximiliano recorrió varias partes del centro del país y llevó a su real consorte a lugares insólitos, él para cazar mariposas y ella para conocer algunas ciudades de provincia.

Durante los tres años que los emperadores permanecieron en México, siempre hubo quienes quisieron correrlos del país. Mientras ellos malgastaban el préstamo francés de más de treinta y dos millones de pesos encargando vajillas y muebles, ofreciendo fiestas y viajando en calesas doradas; y mientras desperdiciaban el tiempo diseñando vistosos uniformes para sus guardias y sirvientes, y organizando protocolos y ceremoniales; y mientras disponían de los bienes nacionales como si fueran propios —la residencia que le obsequiaron al general Bazaine con motivo de sus nupcias—, los liberales les hacían la guerra. Y en tanto el emperador vitoreaba a Hidalgo y Morelos y comisionaba a sus mejores generales del bando conservador para cumplir encomiendas inútiles en Europa y Medio Oriente, los liberales ganaban batallas.

En medio de la situación completamente desquiciada del Imperio, Maximiliano parecía no comprenderla o cerrar adrede los ojos para no ver los peligros que le amenazaban; así fue que, no obstante las extremadas penurias del tesoro público, se destinó una fuerte cantidad para la construcción de un teatro provisional en el salón de sesiones del Congreso, situado en el Palacio del Gobierno. La inauguración de dicho teatro se verificó la noche del 4 de noviembre (1865), día del santo de la emperatriz, con la representación del drama de don José Zorrilla intitulado Don Juan Tenorio, dirigida por el mismo autor, quien al principio y al fin del espectáculo leyó composiciones poéticas alusivas al acto y a la fiesta de la princesa Carlota.

Los viajes de la emperatriz

Dos días después Carlota salía de la capital con objeto de visitar Yucatán; la acompañaron en su viaje el ministro Ramírez, los representantes de España y de Bélgica, dos damas de honor, el general Uranga, que mandaba las escoltas, M. Eloin, el director del Gran Chambelanato, el primer secretario de las ceremonias, el capitán de Estado Mayor, un capellán de la corte, un médico, un oficial de órdenes, un empleado del gabinete y personas de la servidumbre hasta el número de veinticuatro. El día 14 llegó a Veracruz, donde permaneció hasta el 20, en que se embarcó a bordo del vapor *Tabasco* escoltado por el *Dándolo*; el 22 desembarcó en Sisal, pasó la noche en Hunucmá y continuando luego su viaje, entró en Mérida el 23 a las diez de la mañana, donde pasó la noche en la hacienda Blanca Flor. Antes de emprender el regreso le dejó al prefecto imperial donativos para los pobres. Dicen que en este viaje se impresionó con la recepción que le dieron y con lo que allá encontró. Cuentan que fue tal la emoción de Carlota que escribió diecinueve páginas que envió a sus parientes contándoles los pormenores del viaje. Se rumoró que en esta ocasión vivió una romántica aventura con un oficial de su escolta.

De Mérida se fue a Uxmal, a Campeche y a algunas haciendas del sureste. Su presencia fue festejada con gran pompa y muchos de los usos de la corte fueron adoptados en aquellas regiones. De esa época data el baile de lanceros que aún se danza en las vaquerías yucatecas. Dicen que según la tradición se metió a un senote en Hunucmá y que también visitó la hacienda de Yaxcopoil.

En Campeche visitó la Iglesia y Hospital de San Juan de Dios, y también donó dinero, pero esta vez, para la construcción de un anfiteatro, un aljibe y para comprar un local adjunto con el fin de construir una casa para dementes que no tenía la ciudad y que era necesaria.

El 20 de diciembre regresó a Veracruz; allí se detuvo hasta el 25 en que emprendió su vuelta a la capital; Maximiliano salió a recibirla el 28, y el 30 entraron ambos a la Ciudad de México. Se habló entonces con encarecimiento de las manifestaciones entusiastas que había recibido la emperatriz: este era el grande objeto político de aquel viaje; inspirar el convencimiento, tanto en Europa como en los Estados Unidos, de que la opinión pública estaba enteramente a favor de los príncipes, creyendo que el gabinete de Washington acabaría por reconocer el imperio.

Durante los años de reinado, la emperatriz cumplió las tareas que le correspondían a las esposas de los gobernantes, de acuerdo a la tradición de las monarquías europeas: la de dispensar beneficencia. Carlota visitaba hospitales, hospicios, orfelinatos y panadería; hacía donativos, emprendía obras de caridad y fundaba instituciones como el Comité Protector de las Clases Menesterosas, la Casa de Maternidad e Infancia y la Casa de Partos Ocultos, sitio en donde las madres solteras podían dar a luz a sus hijos clandestinamente.

Entre sus prioridades estaba convencer a las esposas de los jefes de departamentos y comisarías en que se dividió el Imperio, que se ocuparan también de este tipo de tareas de beneficencia e instrucción, premiando a las que lo hacían con la Condecoración de San Carlos creada especialmente para las mujeres que prestaran servicios distinguidos al Imperio. Por todo este trabajo, se le empezó a llamar "mamá Carlota".

Entre los documentos históricos que dan fe de las actividades de la emperatriz Carlota, se halló en el acervo del Archivo Histórico de Jalisco, en el ramo de Instrucción Pública, un expediente relativo a escuelas de niñas existente en el departamento de Jalisco en el año de 1866. El expediente se formó a petición de la emperatriz Carlota en torno a la educación de la mujer y en él aparece un interés de parte de las autoridades por este tipo de instituciones, a las cuales por lo general no se prestaba una atención adecuada. "A iniciativa de la emperatriz, el encargo de remitirle los datos fue delegado a las esposas de los comisarios imperiales".

De igual manera, se encontró que el comisario imperial de la Cuarta División Territorial, Jesús López Portillo, pidió a las autoridades de los departamentos de Jalisco, Colima, Nayarit, Aguascalientes y Zacatecas, y a las del distrito de Zamora, informes sobre los establecimientos de instrucción primaria y secundaria para mujeres. En esta circular, foliada con el número 14 y fechada el 23 de mayo de 1866, se puede ver el interés que Carlota mostraba por ayudar a la mujer mexicana:

Su Majestad la emperatriz que está animada de los mejores sentimientos para fomentar la instrucción de la mujer, ha tenido la bondad de comisionar especialmente a las señoras de los Comisarios Imperiales para que le ayuden en tan importante ramo. Una de las primeras noticias que deben remitirse a Su Majestad, según sus instrucciones, son los estados de los Colegios de Niñas Primarios y Secundarios que haya en los departamentos, manifestándose los puntos donde falten, e indicando los recursos con que se cuente para el sostenimiento, así como la manera de plantearlos.

Los emperadores seleccionaron el Jardín Borda, en Cuernavaca, Morelos, como su residencia de verano.

A fin de que tengan su cumplimiento los deseos de Su Majestad, dirijo a Vuestra Señoría la presente, recomendándole el mayor empeño y eficacia, así como la brevedad posible.

En 1865 los emperadores seleccionaron el Jardín Borda en Cuernavaca, Morelos, como su residencia de verano. Rodeados de su corte ofrecían espectaculares conciertos en el escenario del estanque. El Jardín Borda fue construido a fines del siglo XVIII por un minero de Taxco llamado José de la Borda. Este bello lugar, además de ostentar toda clase de plantas, poseía albercas, terrazas, escalinatas, fuentes y saltos de agua.

Por orden de Maximiliano, el 9 de febrero de 1866, a las 6 de la tarde, se inauguró el telégrafo entre México y Cuernavaca, construido por el Ministerio de Fomento. El ministro de Fomento dirigió este primer mensaje a la emperatriz que se encontraba en Cuernavaca:

Usted Señora, *A Vuestra Majestad*, que es la protectora de todo lo benéfico, estaba reservada la gloria de estrenar el telégrafo construido por el gobierno de augusto soberano.

Entretanto, la sangre seguía corriendo en los campos de batalla, donde combatían las fuerzas republicanas contra las francesas e imperialistas.

No se sabe si Carlota se enteró que Margarita Maza enviaba socorros en el exilio a su marido Juárez, acudiendo a proporcionarle apoyo moral en Veracruz, acatando las Leyes de Reforma, huyendo con él por los caminos. O si alguien le contó sobre Soledad Solórzano de Régules, quien con todo y sus hijos, fue tomada como rehén por los belgas en Tacámbaro, y así y todo, conminó a su marido a seguir luchando contra el invasor. Parece que no imaginó que pronto su causa estaría perdida.

Los proyectos imperiales

> *Acepto el poder constituyente con que ha querido investirme la Nación, pero sólo lo conservaré el tiempo preciso para crear en México un orden regular y para restablecer instituciones sabiamente liberales. Me apresuraré a colocar la monarquía bajo la autoridad de leyes constitucionales, tan luego como la pacificación del país se haya conseguido completamente.*
>
> *Maximiliano*

Al conocer la aceptación de Maximiliano y su llegada a México, la Regencia —una de cuyas misiones consistía en encauzar la administración del país— integró el Ministerio Imperial, conformado por mexicanos, muchos de ellos patriotas, capaces y bien intencionados pero equivocados de buena fe, frente a quienes Maximiliano tenía un gabinete o secretaría, integrada por extranjeros y el cual dominaron cuatro personas: Felix Eloin, ingeniero belga, recomendado por el padre de Carlota y quien trató de que Maximiliano escapase a la política francesa dominante e hiciera la suya propia; Sebastián Schertzenlechner, húngaro preceptor de Maximiliano y quien influía notablemente en sus decisiones liberales anticlericales. Junto a ellos, intervinieron también el comandante Loysel de mayo a diciembre de 1865, y Eduardo Pierron, en 1866, ambos franceses y con quienes Maximiliano trató de contrarrestar la influencia del mariscal Bazaine y finalmente el padre Agustín Fischer, quien desde agosto de 1866 arrastró a Maximiliano a una política más conservadora.

Por otra parte, los imperialistas no fueron solamente conservadores seniles y despechados o curas teocráticos. Acudieron al llamado del emperador liberales de provincia, miembros del constituyente de 1856 y ministros de los gabinetes "moderados". Algunos de estos hombres, incluso habían condenado abiertamente la intervención, celebrando el 5 de mayo y rehusándose a pertenecer a la Asamblea de Notables. A pesar de su hostilidad inicial, estos hombres, desencantados con las prácticas democráticas y parlamentarias que en los últimos años, a su parecer, sólo habían paralizado la acción del gobierno y dividido a la sociedad mexicana, constataron que el proyecto político y social de Maximiliano coincidía en muchos puntos con el de ellos. Se adhirieron al Imperio porque consideraron que quizá este régimen insólito, que prometía "instituciones a la vez libres y estables", lograría afianzar al fin "los principios de inviolable e inmutable justicia, de igualdad ante la ley, el camino abierto de cada uno para toda carrera y posición social, la completa libertad personal bien entendida, resumiendo en ella la protección del individuo y de la propiedad, el fomento a la riqueza nacional, el establecimiento de vías de comunicación para un comercio externo, y en fin, el libre desarrollo de la inteligencia en todas sus relaciones con el interés público".

Sin embargo, la situación real de México, no permitió al emperador Maximiliano cumplir con todos los proyectos que se había fijado, entre ellos la formulación de una ley suprema, de una norma fundamental para el país, tal como entonces se concebía. No alcanzó a formular una Constitución pero sí consiguió promulgar el 10 de abril de 1865, el *Estatuto Provisional del Imperio Mexicano*. Éste estableció, de acuerdo con su artículo primero, como forma de gobierno proclamada por la Nación, una monarquía moderada hereditaria con un príncipe católico. Consagró, al igual que la Constitución liberal de 1857, las garantías individuales, como la igualdad ante la ley, la seguridad personal, la propiedad, el ejercicio del culto, la libertad de publicar sus opiniones. Ratificó las declaraciones de abolición de la esclavitud, añadiendo que cualquier individuo que pisase el territorio mexicano, por ese solo hecho era libre. El *Estatuto* postulaba también la inviolabilidad de la propiedad, la libertad de trabajo y regulaba el de los menores. Prohibía la confiscación de bienes. Fijaba las normas impositivas fiscales como generales y mediante disposiciones anuales que las legalizasen, y decretaba la libertad de prensa.

El *Estatuto* tenía dos elementos importantes, que ni la Constitución de 1857 ni la posterior han incorporado; el primero es la definición del territorio, que precisa con gran cuidado, y el otro es la caracterización de la bandera mexi-

El Diario del Imperio sustituyó al Periódico del Imperio Mexicano el 1º de enero de 1865.

cana. El *Estatuto* dividía al territorio en ocho grandes porciones, para atender el aspecto militar de defensa, y cincuenta Departamentos; cada Departamento en Distritos y cada Distrito en Municipalidades. Para explicar el porqué de esta división, "parece que Maximiliano había creído conveniente dividir el territorio en mayor número de fracciones políticas, dando a cada una de ellas, siempre que fuera posible, límites naturales y no artificialmente establecidos, con el fin de que la población, con los recursos equilibrados que en cada uno existiese, pudiese alimentar a su población siempre creciente".

Como no pudo elaborar la Constitución, el emperador vivió preocupado por dar a la Nación una legislación acorde con los tiempos y principios modernos, el equipo de juristas que desde 1861 preparaba el Código Civil —anhelo de los legisladores y abogados mexicanos desde los primeros días de vida independiente— logró publicar el primer volumen en 1865, una *Colección de leyes, decretos y reglamentos que interinamente forma el sistema político, administrativo y judicial del Imperio*, obra integrada por ocho volúmenes en los cuales, en medio de disposiciones inútiles, pueriles y contradictorias, hay otras valiosas e importantes. De manera similar se dio curso a otros proyectos de ley, cuyos decretos estaban estacionados.

También se hallan en esta *Colección* las disposiciones que se refieren a la organización del ministerio de Justicia, la Ley Orgánica de los Tribunales y Juzgados, la Ley Orgánica del Ministerio Público, la Ley de los abogados, la Ley Orgánica del Notariado y del Oficio de Escribano, el arancel para los notarios, la Ley sobre agentes de negocios, la Ley que determina las casas de corrección, cárceles, presidios y lugares de deportación del Imperio, Ley sobre amnistía, indultos y conmutación de penas. Y en un volumen se encuentran los ordenamientos relativos al Ministerio de Instrucción Pública y Cultos, como fueron el decreto de creación de la Academia Imperial de Ciencias y

Letras, el de establecimiento del Museo Nacional de Historia Natural, Arqueología e Historiá, en donde creó cátedras de Arqueología; la reapertura de la Escuela Especial de Comercio y de la Escuela Imperial de Agricultura, y órdenes para la creación de la Biblioteca Nacional aunque también un decreto que clausuraba la Universidad.

Como se puede ver, el programa de gobierno de Maximiliano era totalmente liberal y esto lo acabó enfrentando a los conservadores y a la Iglesia. El príncipe austriaco apoyaba leyes como la del Registro Civil y estaba dispuesto a limitar las propiedades eclesiásticas. Esto le provocó fuertes diferencias con el arzobispo Pelagio Antonio Labastida y Dávalos y con el nuncio apostólico Pedro Francisco Meglia, así como con muchos conservadores.

Este es un ejemplo de las iniciativas que emprendieron los emperadores, apoyados por los liberales que habían llamado al gobierno:

Proclama de Libertad de Cultos y Nacionalización de los bienes del Clero (1865):

Art. 1º. El Imperio protege la religión Católica, Apostólica y Romana como religión del Estado.

Art. 2º. Tendrán amplia y franca tolerancia en el territorio del Imperio todos los cultos que no se opongan a la moral, a la civilización y a las buenas costumbres. Para el establecimiento de un culto se recabará previamente la autorización del Gobierno.

Art. 3º. Conforme lo vayan exigiendo las circunstancias, se expedirán los Reglamentos de policía para el ejercicio de los cultos.

Art. 4º El Consejo del Estado conocerá los abusos que las autoridades cometan contra el ejercicio de los cultos, y contra la libertad que las leyes garantizan a sus ministros.

En esos días, la emperatriz Carlota no dejó de advertir las difíciles circunstancias que suscitaron las iniciativas del emperador Maximiliano. Poco después anunció la vigencia de las Leyes de Reforma. Esto lo prueba una misiva fechada en enero 22 de 1865, que Carlota le envió a la emperatriz Eugenia:

> Van a ser revisadas las ventas de los bienes del Clero ya hechas y ésta va ser la segunda manzana de la discordia, por lo que, con el reconocimiento de las Leyes de Reforma, nos hemos echado encima a los conservadores y hoy vamos a tener en contra a los liberales y a los adjudicatarios, pero como no puede haber más que un peso y una medida para todos, los que han hecho operaciones ilícitas van a tener que restituir lo que han ganado y temo que esta obra de justicia excite algunas pasiones como las del Clero por la pérdida de sus bienes.

Aparte de la cuestión religiosa, el gobierno imperial había intentado desactivar otra situación que era percibida como potencialmente explosiva: la problemática de las comunidades indígenas, cuyos malestares se habían visto agravados en muchos casos por el proceso de desamortización. Para atenuar este problema, que al parecer preocupaba sinceramente a la pareja imperial, se creó una Junta Protectora de las Clases Menesterosas. La junta era un cuerpo consultivo a través del cual las comunidades indígenas —y otros miembros de las clases menos favorecidas, como obreros y peones— podían ventilar sus agravios. Se promulgó además una serie de leyes que se pueden considerar agraristas —para la protección de los trabajadores sobre la personalidad jurídica de los pueblos, sobre el fundo legal y los terrenos de comunidad—, que pretendían facilitar el tránsito de los indígenas a la modernidad.

Tanto el emperador como Carlota también se preocuparon, por la obra material. Así pues, el emperador embelleció la ciudad, abrió la calzada del Emperador, ahora Paseo de la Reforma, mejoró el Alcázar de Chapultepec y el Palacio

Nacional, y fomentó, apoyado en cinéticos europeos, el estudio de la naturaleza mexicana y de sus monumentos arqueológicos e históricos.

Como Regenta —cuando Maximiliano se iba de viaje—, la emperatriz promulgó una ley que limitaba las horas de trabajo a diez; declaraba abolida la tlapixquera (prisión particular) y el cepo, latigazos y demás castigos corporales, siendo secundada por su esposo en todas estas decisiones.

El declive del Imperio

Para 1866, el entusiasmo que había despertado el Imperio en sus inicios, ya se había enfriado. La actitud conciliadora y las medidas liberales del gobierno imperial no habían seducido a los republicanos, salvo con muy contadas excepciones. Los conservadores, en cambio, se hallaban frustrados y decepcionados, tanto porque el Imperio no había podido dar solución al problema religioso, como por el tono liberal de su política y por lo que percibían como exclusión del aparato gubernamental. Algunos propietarios que en principio habían dicho ser "verdaderos amigos del Imperio", consideraron gravemente atentatoria la legislación "social" promovida por el régimen. Además, la tan anhelada paz parecía cada vez más lejana: síntoma de la desesperación que esto provocaba entre los imperialistas fue la promulgación del "decreto negro" del 3 de octubre de 1865.

Esta ley establecía —falsamente— que, dado que Benito Juárez había abandonado el país, la legitimidad de la causa republicana había fenecido. Por lo tanto, quienes hicieran la guerra al gobierno imperial no eran sino bandoleros enemigos del orden y como tales serían sumariamente juzgados y ejecutados. Con este decreto se justificó la muerte sin juicio previo de unos generales republicanos —José María Arteaga y Carlos Salazar—, y su promulgación fue uno de los crímenes que se le han achacado insistentemente al Imperio de Maximiliano.

Además de los problemas internos, el Imperio se vio sumido progresivamente en una serie de complicaciones internacionales. Estados Unidos terminaba su guerra de secesión y empujados por fuertes presiones como las que ejercían numerosos militares para que se aplicase la Doctrina Monroe —*América para los americanos*—, se rehusó a reconocer al gobierno de Maximiliano. Y solicitaban airadamente la retirada de los ejércitos franceses. No obstante, el apoyo norteamericano al gobierno de Juárez había sido únicamente moral, ya que la guerra de secesión absorbía toda su atención y sus recursos. Ya en el mes de agosto anterior, el embajador americano en París había protestado ante el ministro de Negocios Extranjeros de Francia a causa de la acogida que tanto Maximiliano como el gobierno francés habían dado a un proyecto para colonizar Sonora, el cual consideraban altamente peligroso para los Estados Unidos. Meses más tarde, los directores de la política francesa solicitaban al gobierno americano que reconociera a Maximiliano, asegurándole que ellos retirarían las tropas de México.

A principios de 1866 una nota del ministro norteamericano a los representantes franceses señalaba que no sólo deberían retirar sus tropas, sino también deberían dejar de intervenir en los asuntos de México, no imponiendo instituciones que no simpatizaban a ese país. El gobierno de las Tullerías comunicaba a Washington, en el mes de marzo de 1866, que Napoleón III había decidido evacuar México en tres periodos, el primero en noviembre de ese año, el segundo en marzo de 1867 y el tercero en noviembre del propio año.

Maximiliano vio, alarmado, que si el ejército francés no había podido pacificar México, menos lo haría el mexicano aliado y se apresuró a solicitar a Napoleón III el envío de más efectivos y dinero. Los Estados Unidos presionaron al gobierno austriaco a no enviar más voluntarios y al francés para que no enviara soldados del Sudán ni legionarios extranjeros.

Napoleón, presionado por un lado por la política norteamericana y por el otro por la amenaza cada día mayor del gobierno prusiano, envió a México al barón de Saillard para que celebrara con Maximiliano nuevos convenios financieros, políticos y militares, pues el Tratado de Miramar ya resultaba inoperante. Ésta es la carta que le envió Napoleón a Maximiliano con el barón:

Señor hermano mío:

Con penoso sentimiento escribo a Vuestra Majestad, pues me veo obligado a darle a conocer la determinación que he tenido que tomar como consecuencia de las dificultades que me suscita la cuestión mexicana.

La imposibilidad de pedir nuevos subsidios al cuerpo legislativo para el sostenimiento del ejército en México y la misma imposibilidad en que se encuentra Vuestra Majestad de no poder sostenerlo con los recursos del país, me han puesto en el caso de fijar definitivamente un término a la ocupación francesa. A mi ver, este término debe estar lo más cercano posible. Mientras tanto, os envío al barón de Saillard, a fin de que, después de conocer la opinión del mariscal Bazaine, se entienda con Vuestra Majestad para determinar las épocas del llamamiento sucesivo de mis tropas, de manera que no se haga bruscamente, para que no peligren la tranquilidad pública ni los intereses que deseamos vivamente defender. Queda entendido, por otra parte, que la legión extranjera permanecerá durante algunos años al servicio de Vuestra Majestad. Si, como no dudo, muestra Vuestra Majestad la energía necesaria en esta circunstancia difícil y organiza sólidamente su ejército nacional y extranjero y, realizando todas las economías, Vuestra Majestad halla medio de desenvolver los recursos de su Imperio, creo que se afirmará el trono de Vuestra Majestad, pues la marcha de nuestras tropas podrá ser una debilitación momentánea; pero tendrá la ventaja de quitar a los Estados Unidos todo pretexto de intervención. He mandado que escriban al mariscal Bazaine y al señor Langlais, diciéndoles que ayuden a Vuestra Majestad con los consejos y con su apoyo. Quedaría desolado, le repito, si el poder de Vuestra Majestad vacilara como consecuencia de una medida que me ha sido impuesta por la fuerza de las circunstancias.

Ruego a Vuestra Majestad que ponga en conocimiento de la emperatriz mi vivo pesar por la muerte del rey su padre. Su pérdida ha provocado en Europa duelos unánimes.

Renuevo a Vuestra Majestad la seguridad de los sentimientos de particular y sincera amistad con la que soy de Vuestra Majestad buen hermano.

Napoleón.
París, 15 de enero de 1866.

La Comisión de Saillard estaba de antemano destinada al fracaso y este hombre volvió a Francia sin conseguir nada. El 15 de enero (1866), el ministro de guerra francés le comunicó al mariscal Bazaine que "era imposible prolongar indefinidamente la permanencia de Francia en territorio mexicano porque numerosas razones obligaban al gobierno del emperador (Napoleón III) a poner fin a la ocupación". Días después, el 23 de enero, al iniciar las sesiones legislativas, Napoleón comunicaba al Congreso, dentro del cual tenía fuertes oponentes, que había decidido retirar las fuerzas militares de México.

Para asegurar el Imperio, Napoleón ordenó al mariscal Bazaine que organizara un cuerpo franco mexicano integrado por treinta y cinco mil hombres de tropas permanentes y guardias rurales móviles, ocho mil solados de la legión extranjera, más de seis mil cuatrocientos voluntarios austriacos y mil trescientos belgas y seiscientas veintidós piezas de artillería. Esta tardía medida ni fue cumplida del todo, ni satisfizo a Bazaine ni a Maximiliano. El ejército imperial mexicano, que desde el inicio de la intervención debió y pudo haberse formado y con el cual no simpatizó ni Maximiliano ni el mariscal, había sido menospreciado y sus dirigentes dispersados. Sin embargo, en ellos habría de descansar el Imperio mexicano hasta el fin de sus días y ese ejército sería el que con inmensos sacrificios lucharía para defender a su emperador.

Mientras tanto, los republicanos se rehacían rápidamente. Apoyados ya abiertamente por los Estados Unidos, que les empezaron a proporcionar armas y municiones, sus jefes —Mariano Escobedo y Ramón Corona—, lograron aumentar sus efectivos y armarlos convenientemente. Junto con los de otros republicanos que estaban en la lucha, se llegó a reunir un ejército de más de dieciséis mil hombres.

Alarmado Maximiliano por esa situación envió a Europa a Eloin y luego a Loysel para solicitar a Napoleón que mantuviese su ayuda. Sólo pudieron conseguir promesas de aquél de no exigir el pago de la deuda del Imperio. Hacia mayo, fue comisionado Almonte para proponer a las Tullerías un tratado que ampliaba el de Miramar, mediante el cual Francia se obligaba a mantener tres años más su ejército, que mandaría Maximiliano y pagaría Francia, pero también fue rechazado. Sin embargo, se estipuló que para que se continuara ayudando a Maximiliano, éste debería asignar una convención aduanera que obligaba a su gobierno a pagar al francés tres millones de pesos, la mitad del producto libre de las aduanas, para cubrir los créditos de los préstamos que se le habían otorgado. Este convenio lo firmó Maximiliano como un último y desesperado recurso.

Completamente desanimado el emperador se doblegó a la fuerza de las circunstancias. Su primera idea fue la de abdicar y retirarse a Europa. Pero Carlota le convenció de no hacerlo. En los archivos de Viena se encontró una carta que se le atribuye a la emperatriz, dirigida a Maximiliano, que revive a una Carlota llena de entereza, con su gran inteligencia, su cultura, su orgullo y su morbosa exaltación. No se sabe si se la hizo llegar cuando Maximiliano se encontraba en Cuernavaca y ella en Chapultepec o viceversa. Éste es su contenido:

Abdicar es condenarse, extenderse a sí mismo un certificado de incapacidad; y esto sólo es admisible en los ancianos o en los débiles mentales; no es propio de un príncipe de treinta y cuatro años, lleno de vida y con el porvenir ante él. La soberanía es la propiedad más sagrada que hay en el mundo; no se abandona el trono como se deja una asamblea cercada por un cuerpo de policía. Desde el momento en que uno toma a su cargo el destino de una nación, lo hace con sus riesgos y peligros, y jamás tiene derecho a abandonarlo. No conozco casos en que la abdicación no sea una falta o una cobardía; únicamente podría imponerse si se hubiera hecho traición a los intereses que a uno le han confiado, o ante la perspectiva de un tratado oneroso o de una cesión de territorios; entonces la abdicación es una excusa y una expiación; no podría ser otra cosa. También se puede abdicar cuando se ha caído en manos del enemigo, a fin de quitar todo carácter legal a los actos que haya que ejecutar obligados por la fuerza.

Amigo, los reyes no deben rendirse en la derrota —decía Luis el Gordo a un inglés que quería hacerlo prisionero—. Pues bien, yo digo que los emperadores no se rinden. Mientras haya un emperador aquí habrá un Imperio, aunque no comprenda más que seis pies de tierra. El Imperio no es nada sin el emperador. El hecho de que esté desprovisto de dinero no es una excusa; con crédito puede procurar serlo; el crédito se obtiene con el éxito: se gana luchando.

Y si no se tiene ni crédito ni dinero, no faltan medios de procurárselos; lo esencial es vivir y no desesperar de sí mismo. Nadie creerá, aunque se diga que se ha hecho imposible, una cosa que se emprendió y se tuvo por posible. Añadir que uno se retira porque se creía capaz de fundar la dicha de una nación y se ha dado cuenta de los contrario, es una flagrante declaración de impotencia; es, además, una mentira si uno es para tal país la única tabla de salvación.

Conclusión: el Imperio es el único medio de salvar a México; todo debe hacerse para salvarlo, porque uno se ha comprometido a ello por juramento y no hay imposibilidad alguna que nos desligue de la palabra dada.

La emperatriz no ignoraba que uno de los grandes partidarios de la abdicación era el joven oficial de marina Leoncio Détroyat, subsecretario de Estado de Maximiliano. Este joven no se cansaba de repetirle al emperador que la caída del Imperio estaba decretada y prevista, y que todos lo iban a abandonar. "Vale mil veces más una caída digna —insistía— ¡Señor, abdique!" Carlota no quiso dejar sin respuesta estos consejos de buen sentido:

No atribuyo en modo alguno a desaliento —decía ella— las proposiciones de la persona en cuestión. Únicamente creo que es preciso haber ocupado nuestra situación o una semejante para juzgarla tal como es.

Después de analizar estos textos, uno de los biógrafos de la emperatriz ponderó el carácter vehemente de Carlota, el cual se reflejó en todos los actos de su vida y, principalmente, en todo lo que se refería a su concepto sobre el deber, la justicia y el honor. Este texto inédito revela que Carlota de Bélgica era una mujer hecha para reinar:

Nadie abandona su puesto delante del enemigo ¿Por qué se ha de abandonar una corona? Los reyes de la Edad Media esperaban, por lo menos, a que les arrebataran sus Estados antes de entregarlos, y la abdicación no fue inventada hasta el día en que los soberanos se olvidaron de saltar a caballo en los días de peligro. Mi abuelo quiso evitar una efusión de sangre y fue indirectamente responsable de la sangre vertida en Francia en febrero y en junio, luego el 2 de diciembre, sin contar lo que pueda suceder más tarde.

La guerra civil ya no existe, pues ni siquiera tiene pretexto: el gobierno de Juárez ha pasado (Juárez prorrogó sus poderes constitucionales hasta que se efectuaran elecciones populares). A Santa Ana no lo ha elegido nadie y todo lo más será considerado como comprado por el extranjero. No se debe ceder el puesto a tal adversario; tampoco se dice ya, como en el casino, que ha saltado la banca, o, como en el teatro, que la comedia ha terminado y que van a apagar las luces. Nada de eso es digno de un príncipe de la casa de Habsburgo, ni de Francia y su ejército, que sería llamado a ser testigo de tal espectáculo y a tolerarlo, porque ¿con quién se quedaría el mariscal Bazaine hasta el año próximo?

De lo sublime a lo ridículo no hay más que un paso. Partir como campeones de la civilización, como libertadores y regeneradores, y retirarse bajo el pretexto de que no hay allí nadie a quien civilizar, nadie a quien libertar y nadie a quien regenerar, y todo ello de acuerdo íntimo con Francia, que siempre ha pasado por ser el país de los valores espirituales, preciso es confesar que, tanto para los unos como para los otros, sería el mayor absurdo cometido bajo el sol... Aunque estuviera permitido jugar con los individuos, no se debe jugar con las naciones, porque Dios las venga.

Pero al final, Carlota decidió ir personalmente a explicar a Napoleón III la situación del Imperio y solicitar su apoyo. Puesto que Francia, el Papa, los aliados y hasta los amigos habían olvidado sus promesas, ella se encargaría en recordárselas. "Pediré a Su Santidad que arregle los conflictos religiosos que nos dividen —decía—; obtendré de Francia hombres y dinero; haré pesar sobre los Estados Unidos la voluntad de Europa. ¡Lo que se niega sin vacilar a los ministros plenipotenciarios, una mujer puede obtenerlo".

Al día siguiente *El Diario del Imperio* anunció que la emperatriz se ponía en camino para ir a Europa "a tratar de los intereses de México y a arreglar varios asuntos internacionales" y el día 8 salió de la capital, acompañada del conde del Valle de Orizaba, del general Uraga, del gentilhombre don Felipe Neri del Barrio, conde de Alcaraz, y de don Martín de Castillo y Cos, intendente de la casa imperial y ministro de Negocios extranjeros.

¡Adiós mamá Carlota!

> *El despotismo de un individuo es difícil de soportar; el de una casta es insoportable y tarde y temprano se hace derribar.*
>
> *Maximiliano I*

Pocas esperanzas se fundaban, empero, en la misión de la archiduquesa, y de ello nos da testimonio el siguiente episodio referido por M. Masseras:

El 6 de julio la infortunada princesa ciñó por última vez la diadema para ir a San Hipólito a presidir el *Te Deum* cantado con motivo de la fiesta de su marido. A su vuelta al palacio, una escena dolorosa y en cierto modo profética tuvo lugar entre ella y sus damas de honor. En el momento de retirarse después de la ceremonia, concluido su servicio, una de las damas presentes —la señora Pacheco—, de repente pidió a la soberana el permiso de abrazarla; la emperatriz se prestó a ello con una triste afabilidad que no cuadraba con sus maneras más bien altivas que afectuosas. Viendo después a la señora Pacheco deshecha en lágrimas; "¿Qué tenéis?" ¿le dijo? "¡Ah! Señora, ¡yo me pregunto si no es ésta la última vez que acompañamos a Vuestra Majestad!" Esta explosión de una ansiedad que oprimía todos los pechos fue contagiosa, y durante algunos minutos el salón imperial resonó en sollozos. La emperatriz fue bastante dueña de sí misma para contener sus lágrimas, pero después de haber abrazado una tras otra a las damas presentes, todo lo que pudo hacer fue precipitarse a la pieza inmediata, dirigiéndoles en el umbral un adiós sofocado. Tenía los ojos ahogados en llanto.

Dicen que Maximiliano se conmovió con la determinación de Carlota, "el ángel guardián de México" —como la llamaban. Esta joven y decidida mujer iba a emprender uno de los viajes más notables de que la Historia guarda memoria.

Pasó por Puebla rumbo a Europa el 9 de julio de 1866. En la nota informativa de los acontecimientos más notables de ese año, se incluyó este evento:

Los acontecimientos más notables de este año en Puebla fueron: el 9 de julio a las seis y media de la tarde llegó a esta ciudad de paso para Europa la emperatriz Carlota quien se detuvo el día 10 y siguió su camino el 11...

La emperatriz viajó en el barco francés *Empératrice Eugénie*, en el que obligó al capitán a arriar la bandera gala para izar el pabellón imperial mexicano. De entonces data aquella copla de Vicente Riva Palacio:

> *La nave va en los mares,*
> *botando cual pelota,*
> *adiós mamá Carlota,*
> *adiós mi tierno amor.*

Partió el 13 de julio y hay quien cuenta que la prisa de la emperatriz por salir de México se debía, "no tanto al deseo de ayudar a su marido sino, más bien, a que había quedado embarazada del jefe del ejército belga en México, Carl van der Smissen, con quien tuvo amores". Además, se dijo que ese niño nació allá y que con el correr del tiempo llegaría a ser un general francés.

Se supo que Carlota poseía una considerable fortuna personal que había aumentado porque mandaba dinero de México a sus cuentas personales en Europa. ¿Por qué no contribuyó ella a sostener el Imperio en lugar de ir tan lejos a buscar el subsidio?

De la brillante corte que hacía tres años navegara en la *Novara* rumbo a México, ya no quedaba más que el conde de Bombelles, promovido a la dignidad de caballerizo mayor. Los otros eran mexicanos: Martín y Castillo, ministro de Negocios Extranjeros; Suárez del Valle y Neri del Barrio, chambelán, acompañado de su mujer, la más seca y más morena de las damas de honor.

Al desembarcar en Saint-Nazaire, "su rostro —dice M. Keratry—, llevaba la impresión de crueles preocupaciones, duplicada por una fatiga extrema; en sus ojos brillaba el fuego de la fiebre". La travesía había estropeado fuertemente a la joven emperatriz, porque habiéndose instalado en la popa del buque, por haberlo deseado así para estar más aislada, no había podido encontrar reposo en su sueño por la continua trepidación de la máquina... Tenía 26 años y seguía siendo una mujer de talle elegante y distinguido, y de facciones graciosas, pero las preocupaciones y las responsabilidades empezaban a marcar su huella.

El estado psicológico que fue a desenlazarse después en Roma, venía preparándose de muy atrás; ya en el tránsito de México a Veracruz, habían podido notarse ciertas rarezas que eran claro indicio de una inteligencia perturbada; así se vio con extrañeza su visita a hora desusada al comisario imperial de Puebla, y la brusca negativa con que en el puerto se rehusó a entrar en el bote que puso a su disposición el capitán Cloué, mientras no se tuvo la condescendencia de poner la bandera mexicana en vez de la francesa.

No obstante, apenas tocó tierra, manifestó su intención de viajar de incógnito y de no aceptar hospedaje en la corte de las Tullerías, pero el 8 de agosto, en Saint-Nazaire, sufriría su primera decepción: no habían preparado nada para recibirla. Había una sola bandera en el puerto y era la de Perú porque en vano habían buscado la de México. No había tropas, ni subprefecto. Sólo estaba el alcalde a la cabeza del Ayuntamiento, que masculló con bondad algunas amables excusas relacionadas con la hospitalidad de la ciudad: "Señora, la ciudad que tengo el honor de administrar acaba de nacer, pero en la calle de Villez-Martin que están abriendo en la playa, hay ya varias casas bonitas y dos hoteles donde vuestra corte hallará excelente comida y pasará, seguramente, una buena noche".

Dicen que la emperatriz interrumpió a aquel hombre, inquiriendo con severidad: "Señor alcalde, muchas gracias. Pero... ¿cómo es que no está aquí el señor prefecto para darme la bienvenida? ¿Por qué no hay soldados para presentarnos las armas? ¿Es que la corte de México va a recorrer esta ciudad sin escolta? Le ordeno que nos conduzca inmediatamente a la estación del ferrocarril. ¿Quiero ver al emperador mañana mismo!"

Rápidamente pusieron un coche a su disposición y llegó al hotel a donde su séquito fue a pie. Allí la estaba esperando Juan Nepomuceno Almonte con su esposa, quien había viajado desde París a su encuentro, pero que le traía otra mala noticia: Austria acababa de ser derrotada por Prusia en Sadowa. Durante mucho tiempo se vería reducida a la impotencia en el tablero diplomático. La ex archiduquesa no podría ir a buscar auxilio por aquel lado.

Después de algunas horas partió para Nantes; allí pasó la noche y al día siguiente continuó a París, adonde arribó el 9 de agosto, a las cuatro de la tarde, modestamente en la estación de Montparnasse, mientras el general de Waubert de Genlis y el conde de Cossè-Brissac, gran chambelán, fueron a recibirla, no se sabe por qué, a la estación de Orleáns. Así pues, no hubo recepción de honor de parte del gobierno francés. Solos, en el andén, la esperaban el eterno y leal comisionado Gutiérrez Estrada, sus hijos y otros mexicanos imperialistas; el señor Durán, embajador de México en Inglaterra, y otro príncipe desterrado, el pequeño Salvador de Iturbide, descendiente del primer emperador, cuya educación en París corría a cargo de Carlota. Todo aquel desprestigiado grupo se dirigió, en coches de alquiler, al Gran Hotel.

Al día siguiente, a las dos de la tarde, llegó al Gran Hotel la emperatriz Eugenia de Montijo seguida de un ilustre cortejo del que formaban parte la princesa de Essling, la duquesa de Montebello, la señora Carrette, el general de Waubert y el conde de Cossè-Brissac, confuso por su error de la víspera. Carlota los recibió vestida de negro con un traje de fina seda y una mantilla de encajes del mismo color. En efecto, Carlota llevaba luto, no por la desolación de su Imperio, sino por su suegro y por su abuela María Amalia. Dicen que la entrevista fue conmovedora. Las dos mujeres se abrazaron, llorando. Carlota le pidió a Eugenia que intercediera para que el emperador la recibiera lo más pronto posible.

El 11 de agosto, a la una de la tarde, un coche a la Daumont se detuvo ante el Gran Hotel. Un pequeño grupo de curiosos vieron subir al coche a Carlota y la saludaron. Llevaba un sombrero blanco "que vestía mucho" y a todo trote se dirigió a Saint-Cloud que se encontraba a quince kilómetros de París, sobre las colinas que dominan la orilla derecha del río Sena. Este hermoso castillo sería destruido durante el Sitio de París de 1870, o sea cuatro años después de que Carlota estuvo ahí. Un cronista francés describió la recepción:

El gran cuerpo del edificio construido por Girard en el siglo XVII, adornado con pilastras corintias y bajorrelieves, abarcaba sus cuarenta y tres metros de fachada entre dos pabellones en ángulo de la misma longitud. Ahí se alineaban una serie de estatuas simbólicas representando a la Fuerza, la Prudencia, la Riqueza y la Guerra, de Cadaine y Lepautre. En el centro, bajo un pabellón de cristal, en el descanso de la escalinata, estaba toda la corte esperando a la emperatriz de México. Un batallón de la Guardia Imperial, con clarines y tambores, le rindió los honores. Luego, un niño de diez años, con el águila mexicana al cuello, bajó los escalones y le tendió su pequeña mano: era el príncipe imperial que introducía a la soberana de México a palacio.

Subieron, así, por la escalera de honor, de escalones de mármol blanco encuadrados por balaustradas de mármol rojo; subieron, de acuerdo al protocolo establecido, entre dos hileras de cien guardias, escalonados de peldaño en peldaño y que inmóviles presentaban las armas, en sus uniformes azul claro con sus vivos rojos, su deslumbrante casaca y su casco con largas crines. En el último escalón, parados uno frente al otro, se hallaban dos trompetas que apoyaban su instrumento sobre el muslo del que colgaba el banderín bordado con las armas imperiales.

La primera entrevista se celebró en el salón Marte donde Napoleón III recibía al cuerpo diplomático. Era una hermosa estancia de diecisiete por trece metros, en cuyo techo Mignard había pintado el Olimpo; estaba adornada con arcos abovedados, sobrepuertas y bustos de Hoche, Caffarelli, Bampierre y Joubert. Una chimenea monumental, entre dos grandes ventanales, estaba coronada por un gobelino inspirado en el barón de Gros, mientras en el centro se encontraba un canapé redondo cubierto de cojines y dominado por cuatro amorcillos de bronce dorado, "de muy mal gusto".

En una conversación que duró dos horas Carlota pidió a Napoleón que mantuviera al ejército expedicionario en México hasta que todo el país se pacificase; el pago, por el tesoro francés, de las fuerzas auxiliares indispensables para constituir un ejército nacional y la retirada de Bazaine, a quien se culpaba de la ineficacia en su actividad militar, con la que había puesto en peligro al Imperio.

Ni en esta entrevista ni en otra más patética, celebrada dos días después, pudo Carlota obtener alguna respuesta, algún apoyo, ni siquiera una promesa. Napoleón aconsejaba que Maximiliano regresara a Europa junto con las tropas francesas, "no como fugitivo —decía— sino con arrogancia, exponiendo las razones perfectamente nobles de su marcha". Carlota no estaba de acuerdo.

—Un Habsburgo no huye —respondió tajante.

—Renunciar a una empresa irrealizable no es huir —insistió Napoleón III—. Todo el mundo aprobará una decisión que evitará que corra más sangre.

—¿Más sangre? —exclamó Carlota con una risa estridente y nerviosa—. Caerá todavía más por culpa vuestra, ¡creedlo! —Y agregó, enseguida—: ¡Caiga sobre la cabeza de Vuestra Majestad!

Dicen que esta imprecación desató una tempestad, pues ya no eran más que dos adversarios irritados; uno hablando de emboscadas, el otro de la incapacidad de Maximiliano. De pronto la emperatriz aludió a la sangre de los Borbones "que llevaba en sus venas, arrepentida de haberse humillado ante un Bonaparte", y cayó desmayada. Cuentan que cuando volvió en sí y vio a la emperatriz Eugenia a su lado, con un vaso de agua en la mano, empezó a gritar: "¡Asesinos! ¡Sois unos asesinos! ¡Llevaos esas pócimas envenenadas...!", y después se echó a llorar amargamente. Fue entonces cuando la mujer enloqueció. Algunos lo atribuyen a causas hereditarias, otros a los desdenes sufridos.

La entrevista del miércoles 13 de agosto fue más tranquila. Ella le mostró al emperador las cartas que él había escrito dos años antes, cuando temía que Maximiliano rechazase el trono: "Podéis estar seguros de que no os faltará mi apoyo para el cumplimiento de la misión que con tanto valor emprendéis" (18 de marzo de 1864).

Y además: "Por el tratado que hemos concluido y que recíprocamente nos compromete: por las seguridades de México; por la palabra cambiada con los subscriptores del empréstito, Vuestra Alteza Imperial ha contraído compromisos que no puede romper. En efecto, ¿qué pensaría de mí si, una vez llegada a México Vuestra Alteza Imperial, yo le dijese que no puedo cumplir las condiciones que he firmado?" (28 de marzo de 1864).

Napoleón esquivó el choque atrincherándose detrás del Consejo de Ministros que deliberaría tres días después. Ni siquiera quiso prometer nada en cuanto a la continuación de un subsidio de quinientos mil pesos que el mariscal Bazaine había concedido al tesoro mexicano. Se dice que después de esta entrevista, el afligido emperador lloró.

La corte de Sant-Cloud seguía con curiosidad las visitas y las demandas de la infortunada Carlota sin penetrar profundamente el carácter trágico de ellas. Merimée comentaba irónicamente: "Tenemos la dicha de ver de tiempo en tiempo a la emperatriz de México. Es una señora de su casa, que se parece a Luis Felipe como si fueran dos gotas de agua. Tiene damas de honor con ojos brillantes pero cutis de alajú y cierto aspecto de gorila. Esperamos hallarnos con huríes de Mahoma".

Por fin el 19 de agosto, Luis Napoleón decidió devolverle la visita a la emperatriz Carlota. Dicen que llegó vestido con un levitón al que le había tomado gran afecto, y que por cierto le quedaba muy ceñido. Después de besar la mano de Carlota le comunicó que el Consejo de Ministros se había pronunciado por unanimidad contra la continuación de la expedición. "Francia no facilitaría ya a Maximiliano ni un hombre ni un peso".

Carlota, embaucada por las aclamaciones de algunos partidarios de los de Orleáns, le afirmó en vano que la opinión no era opuesta al Imperio de México; en vano le exhortó a que prescindiera del cuerpo legislativo, lo disolviera, si era preciso, y dirigiera un llamamiento al pueblo... El emperador, sin embargo, se contentó con aclararle a Carlota que no debía tener esperanza alguna. Entonces, la mujer advirtió que ella y su marido abdicarían, a lo que Napoleón consintió. La princesa comprendió que todo estaba perdido.

El carácter violento de sus entrevistas con Napoleón y el invariable propósito de aquel soberano para retirar todo apoyo al trono que bajo su protección se había erigido en México, debieron conmover hondamente el alma de la altiva princesa, que veía desvanecidos todos sus sueños de ambición y de poder, y que por un encadenamiento de sucesos fatales acababa por encontrarse frente a frente con una realidad inexorable.

Dos días después Carlota escribía a Maximiliano:

No quiere, y la violencia no sirve de nada porque él tiene el infierno a favor suyo, y yo no. No es la oposición, puesto que él es quien escoge el cuerpo legislativo, y menos el miedo a los Estados Unidos. Quiere cometer una mala acción, preparada desde hace tiempo, no por cobardía, desaliento o cualquier otra razón, sino porque representa el principio del Mal en el mundo y quiere apartar el Bien, a fin de que la humanidad no vea que su obra es mala, y que ella lo adora.

Hasta ayer no le he permitido decir con precisión que no haría nada para poner en obra en el intervalo todos los recursos imaginables y para probar que él es el único obstáculo, pues si el último de sus ministros hubiese sido emperador, habría cedido. Para mí es el diablo en persona. Con ocasión de nuestra última entrevista, tenía tal expresión, con los cabellos erizados, que estaba horrible. Era la expresión de su alma; todo lo demás era superficial.

... Sus lágrimas eran falsas como sus palabras: todos sus actos son imposturas. Después de su último "no", quedó encantado. Mefistófeles, demasiado amable, me ha besado la mano hoy al despedirse de mí; pero es una comedia, pues lo he penetrado con la mirada en varias ocasiones; ¡todavía me estremezco! El mundo no ha visto aún nada parecido; pero "el reino toca a su fin" y entonces volverán a respirar.

...Esto me recuerda completamente el Apocalipsis, y esta Babilonia conviene perfectamente a esto: ver el diablo tan cerca podría impulsar a los ateos a creer en Dios...

A la pobre Carlota sólo le restaba buscar el apoyo del Papa Pío IX. Era su última tabla de salvación. El 23 de agosto se encaminó a Italia en un tren especial.

Las angustias, las fatigas y las emociones la habían destrozado física y moralmente, a tal grado que los médicos le habían ordenado algunas semanas de descanso. Se detuvo, pues, en la villa de Este, a orillas del lago de Como, intentando recobrar en aquel admirable escenario un poco de calma y de equilibrio. Italia la consoló de Francia. En Verona, en Padua, en Venecia. Las poblaciones, las autoridades, hasta los "garibaldis" le reservaron la más cortés acogida. El rey Víctor Manuel salió a su encuentro para saludarla. Antes de retornar a Miramar, después de aquellos años de ausencia, la flota austriaca, que acababa de vencer en Lissa, le rindió honores soberanos. Celebró en Miramar, con un banquete, la fiesta mexicana del 16 de septiembre y cuando se sintió mejor de salud, le escribió a Maximiliano:

Todo el mundo se asombra ante estas dos obras del príncipe ausente: la batalla de Lissa y el castillo de

Miramar. Esos temas se mezclan en las conversaciones de todos, así como en los ojos mismos, pues hoy desfilará la escuadra victoriosa en el mismo orden de combate que en Lissa, con Tegetthoff a la cabeza, sobre el archiduque Fernando Max. "¡*Morituri te salutant*!" Este último saludo de la Marina; dejará enseguida Trieste, y tal vez la Historia. La Marina ha lanzado el primer rayo sobre tu futuro poder, sobre tu independencia, tan costosamente adquirida; ha salvado la costa que tú tanto amabas; ahora va a abandonar a su suerte a Austria y a tu hermano. Su misión ha terminado. La tuya, igualmente. El honor de la Casa de Austria ha cruzado el Atlántico con el nombre de una de sus últimas victorias: *Novara*. Desaparece aquí, con el Sol, para resucitar allá ¡*Plus ultra*! ¡Tal es la invocación de tus abuelos! Carlos V señaló el camino. Tú lo has seguido. No lo lamentes. Dios está detrás de él.

Así, pues, tomó el camino de Roma, en el mismo estado de excitación, pero acariciada por optimistas esperanzas. Una epidemia de cólera la obligó a dar un gran rodeo por Marbugo, Bozen, Mantua y Regio. En la noche del 25 de septiembre arribó a la Ciudad Eterna en medio de una lluvia torrencial. Pero la recepción dejó satisfecha a la emperatriz. En la estación iluminada encontró una Comisión de cardenales, de ministros extranjeros, un gran número de representantes de la aristocracia y una multitud de simpatizantes, difícilmente contenida por la Guardia Suiza y la gendarmería pontificia.

Sin embargo, la Santa Sede, a pesar de prodigarle tantos honores, no tenía contemplado precipitarse. Sabían que de no ocurrir un milagro, la tentativa de un Imperio austriaco en México había fracasado y además, estaban resentidos porque Maximiliano había reconocido las Leyes de Reforma.

Hasta dos días después, el 27 de septiembre, recibió el Sumo Pontífice a la emperatriz de México. Brillante solemnidad. Supremos honores. Cuando descendió de su *landó* de cuatro caballos, en medio del centelleo de los sables de la escolta, vio la corte pontificia que la esperaba. Estaban reunidos vestidos de escarlata, guardias suizos con sus trajes rojos y amarillos, chambelanes y camareros con sus uniformes negros. Unas hileras multicolores hasta la sala del trono, donde aguardaba sentado Pío IX, grueso y fino, vestido todo de blanco sobre un fondo de púrpura. Sonriendo con benevolencia, levantó a Carlota, que se disponía a arrodillarse, le dio a besar el anillo y la hizo sentar cerca de él.

Entonces, delante de los cardenales, camareros y médicos, que acudieron apresuradamente, expuso, en trágica sucesión de hechos, todos sus terrores: "¡México en manos de los partidarios de Juárez... la traición por doquier... la mentira y el robo en cada antecámara!" El temor constante de ser asesinada o entregada a sus enemigos; lo que allí había sido el verdadero fondo de su existencia de soberana durante más de dos años, de soberana aclamada por todos en voz alta y maldecida en voz baja, y que teme hallar un puñal en cada ramo de flores. Dicen que estuvieron conversando cerca de una hora y cuarto.

Parece que todo estaba dispuesto para entenderse con el gobierno del emperador, con la única condición de que las cláusulas del acuerdo fuesen aprobadas por los obispos mexicanos. Error grande fue haber descuidado este paso desde el principio. Nunca habría concordado.

En una carta la emperatriz le escribe a Maximiliano:

Eres tú el defensor de la independencia y de la autonomía de los mexicanos pues sólo tú reúnes en tu mano los tres colores de los partidos de que está formado el pueblo: blanco el clero, como príncipe católico; verde los conservadores y rojo los liberales. Nadie, excepto tú, puede unir estos elementos y gobernar... Ante ti debe inclinar la cabeza, pues... la monarquía es la salvación de la humanidad, el monarca es el buen pastor.

De esto salió aquello que después se cantaba:

En vano fue tu noble esposa hasta París
a recibir sólo un desdén de Napoleón.
En vano fue hasta el Vaticano la infeliz
sólo a perder del pensamiento la impresión.

Dos días después, el Santo Padre le devolvió la visita a Carlota para invitarla a asistir a la misa que iba a oficiar el 30 de septiembre. Y dicen que cuando Carlota se reunió con él después de la misa, la hizo pasar a su gabinete de trabajo donde estaba tomando una taza de chocolate y algunos panquecillos, y que al ver la comida, la emperatriz metió la mano en la taza y expresó: "Me muero de hambre... Hace dos días que no como nada... ¡Me muero de hambre! ¡Todo lo que me dan está envenenado!"

Podían confiar en que la crisis se había conjurado cuando a las nueve la mañana, se vio a la emperatriz de México bajar del coche ante el palacio pontificio y dirigirse precipitadamente, sin consideración a la etiqueta y a los salvoconductos, a las habitaciones particulares de Pío IX, gritando: "¡Sálveme, Santísimo Padre! ¡Quieren matarme!"

Registran algunos historiadores que desde fines del año anterior, Carlota padecía constantemente del estómago. Unos dicen que había sido intoxicada, lo mismo que Maximiliano. El emperador había adquirido por ello una disentería aguda que se convirtió en una enfermedad crónica. Y ella sufría dolores espasmódicos que se habían duplicado después de su regreso de Yucatán. Dicen que llegaron a creer que alguien los quería envenenar y empezaron a tomar medidas con respecto a su alimentación.

Ese día, el Papa terminó por permitirle comer en su mismo plato mientras trataba de tranquilizarla y ya en la tarde manifestó la intención de quedarse a pasar la noche. Pío IX se esforzó en convencerla de que debía volver al hotel, a lo que por fin accedió con tal que sus envenenadores —la señora Kuchachevich, el doctor Boklushlabech y el conde del Valle de Orizaba—, saliesen de ahí y fuesen inmediatamente juzgados y decapitados. El cardenal Antonelli envió un mensaje a Velásquez de León para informarle lo que pasaba, y para que fuese de inmediato al hotel con objeto de que las personas acusadas por la archiduquesa saliesen del edificio o se escondiesen para que no las viera Carlota, a quien se trataba de no contrariar por consejo del doctor Biale, el médico del Papa. En efecto, dichas personas se encerraron en sus cuartos y se apuntó su salida en el libro respectivo; pero al volver Carlota y encontrar cerradas las puertas de sus habitaciones, llamó al administrador del hotel, le increpó con dureza e hizo que se les devolviesen las llaves, después de lo cual se dirigió de nuevo al Vaticano en compañía de una camarista y del chambelán Datti.

Al llegar manifestó a monseñor Borromeo, gran chambelán del Papa, que querían envenenarla en el hotel, y que aprovechando la buena disposición de su Santidad iba a permanecer allí hasta que llegara su hermano el conde de Flandes, añadiendo que su deseo era dormir cerca del sumo Pontífice. Monseñor Borromeo trató de disuadirla de semejante idea, indicándole los graves inconvenientes que ofrecía, y por último accedió a que se le preparase una habitación debajo de la del Papa. Al ir a enseñarle la pieza que se le destinaba, ordenó al chambelán que saliese, e inmediatamente se encerró por dentro, sin permitir que se introdujese la cama. A las seis de la mañana salió y despertó a la camarista que había permanecido en una pieza contigua; subió a la capilla del Papa a aguardar que dieran las siete, hora en que decía misa el Pontífice, y enseguida se hizo conducir a la cúpula de San Pedro, al museo del Vaticano y a todas las partes que quiso sin contrariarla en nada.

Al día siguiente por la tarde, accedió a salir y volver al lado de su chambelán y su dama de honor. Empleó el día en visitar las iglesias de Roma, pero cuentan que en los trayectos de una a otra, compraba, a hurtadillas, puñados de castañas asadas y bebía tragos de agua en las fuentes públicas que encontraba a su paso. Aquello debía permitirle rechazar las comidas formales que le servían, por lo que se decidió prevenir a su familia y suspender para ella toda vida oficial. Mientras aguardaban la llegada del conde de Flandes, pasaron días muy tristes.

Carlota no comía ni bebía nada que no fuera preparado, en su presencia, por su fiel camarera Matilde Doblinger, que se había procurado un hornillo, carbón, dos pollos vivos y un cesto de huevos. Rechazaba hasta las frutas y el pan por temor a que en ellos hubiesen introducido veneno. Dicen que también tenía miedo a dormirse, por lo que se paseaba de un lado a otro en la habitación, mientras su séquito vegetaba en una atmósfera de locura.

El 7 de octubre reclamó a Blasio, su ayuda de cámara, quien se asustó del estado de desorden que mostraba su señora y aquella estancia donde ella no dejaba de pasearse. Carlota había cambiado físicamente: vestía de riguroso luto y siempre estaba cuidadosamente peinada, pero estaba muy delgada y en su rostro se destacaban sus pómulos salientes, sus brillantes pupilas de mirada extraviada. "Ya ha visto usted muchas cosas en Roma —dijo a Blasio con voz suave—. Siéntese usted y escriba lo que voy a dictarle":

Carlota, emperatriz de México. En vista de que Juan Suárez Peredo, conde del Valle de Orizaba y nuestro Gran Chambelán, ha tomado parte en un complot para atentar en contra de la vida de su soberana, hemos juzgado oportuno destituirlo, como le destituimos por la presente, de todos sus títulos, cargos, honores, ordenándole que se aleje de la corte, sin poder presentarse en ella de nuevo bajo ningún pretexto.

Y será nuestra presente disposición sometida a Su Majestad el emperador Maximiliano para que la firme y asegure su ejecución por nuestro intendente de la lista civil y ministro de la Casa del emperador. Dado en Roma el 7 de octubre de 1866.

Tras esta disposición, pidió la emperatriz que redactara otras semejantes para la destitución de otras personas: el señor del Barrio, el doctor Bouslaveck, el señor Kuchacsevich, don Martín y Castillo... Éste era, precisamente, aquel a quien encargaba enviar a firma y ejecutar los decretos. Blasio no protestó, siguió escribiendo mientras Carlota seguía su frenético paseo. Una escena que él no olvidaría nunca, en la que "lo trágico, lo trivial y la incoherencia se mezclaban en lamentable cacofonía".

El 8 llegó a Roma el conde Flandes y decidió conducir enseguida a la ilustre enajenada a Miramar en espera de las órdenes de su esposo, acentuándose cada día más la terrible monomanía de persecución, hasta el extremo de desconfiar de su mismo hermano, a quien tomó por agente del emperador francés. Leopoldo hizo que la viera un especialista, el doctor Riedel, quien estimó que su caso era muy grave y prescribió a la enferma reposo absoluto. Desde entonces empezó una historia muy penosa que duró sesenta años. Al principio pareció tranquilizarse pero pronto volvió a apoderarse de ella una agitación nerviosa. No se podía estar quieta, dictaba órdenes, se quejaba porque no la escuchaban y menos aún la obedecían. Quería salir de viaje: "deseaba recorrer las capitales europeas para implorar auxilio a favor del Imperio y de Maximiliano", y salía corriendo hacia los jardines en medio de la noche.

Entonces se recurrió a medidas extremas: la confinaron en el *Gartenhaus*, un lugar severamente guardado con puertas sólidamente cerradas, con ventanas tapizadas de barrotes, sin damas de honor ni de compañía. Solamente la acompañaban el conde de Bombelles, el prelado austriaco

Rachich, capellán de Miramar y el médico Riedel. Al cabo de algún tiempo, la corte de Bélgica acabó por temer que aquel trato severo agravase el estado de Carlota, y Leopoldo y su familia acordaron trasladarla a Trieste, pero temían que el emperador Francisco José, desde Viena, los acusara de secuestro. "¡De qué cerco bárbaro e impío hubo que librar a la pobre Carlota —escribía algún tiempo después la reina de los belgas—. No creo que haya habido en la Historia un ejemplo de una joven mujer tan abandonada como lo estaba la desgraciada emperatriz..."

Fue preciso que el coronel barón de Goffinet, ayudante de Campo del rey Leopoldo, saliese para Viena y tratase largamente con el emperador Francisco José, poco dispuesto a dejar alejarse a su cuñada y, sobre todo, su fortuna; fue preciso que, en julio de 1867, la reina María Enriqueta, acompañada de la condesa de Bavay, del mayor barón de Prisse y del doctor Bulken, director del establecimiento de alienados de Gheel, emprendiesen en regla el sitio de Miramar. Las personas que habían hecho su presa de la emperatriz de México se obstinaban en guardarla; obraban sobre su espíritu débil representando la comedia de la desesperación. Con ayuda del archiduque Carlos Luis acabaron por apartarlos, incluso a Bombelles, que había conseguido esconderse en un armario y a quien el barón de Goffinet estuvo a punto de romperle los riñones.

Una hermosa tarde de julio, gracias a piadosos subterfugios, se resignó Carlota a abandonar Miramar y que la trasladaran a Trieste, donde hacía diez días que un tren especial estaba preparado para ella.

Por última vez vieron recortada sobre el magnífico panorama de estío, que se desarrollaba sobre el golfo y el mar, la dolorosa silueta de sus vestidos de luto. El trato de que había sido objeto durante seis meses en nada había ayudado a subir las pendientes del abismo en que había caído. De todos modos, la reina, su cuñada, recobró esperanzas: "Desde que estamos con ella ha adelantado mucho

—decía—. Tengo grandes esperanzas. Si continuamos así, creo que la curación no se hará esperar mucho".

En efecto, bajo los cuidados y la influencia de María Enriqueta, la excitación febril de la enferma había disminuido considerablemente. De todo lo que se refería a su familia, a lo pasado, incluso al drama de México, hablaba muy bien, con gran melancolía; pero lo que no comprendía era lo presente; se había forjado de ello una explicación infantil, y la repetía a cuantos se acercaban a ella: "Me encierro porque Maximiliano lo quiere, y debo esperarlo aquí. Ahora está bloqueado, y no podemos tener noticias suyas... Pero, sin duda, pronto las recibiremos. Esperémosle..."

El fin del Imperio y de Maximiliano

> *El despotismo exige de parte de aquel que lo ejerce una inteligencia enorme y una tenacidad de hierro.*
> Maximiliano I

El 12 de octubre de 1866 publicaba *El Diario del Imperio* un párrafo del tenor siguiente:

Con las noticias recibidas por el correo de ayer, se ha sabido que Su Majestad la emperatriz debe haber concluido los diversos negocios de su misión. Su Majestad se propone volver por el vapor del 16 de octubre; de modo que se espera su llegada a Veracruz para el día ocho o diez de noviembre. Por ahora Su Majestad se encuentra en Roma.

Tras esas cortas líneas se ocultaba una verdad terrible: el mal éxito de la misión de que se había encargado la archiduquesa, lo cual era ya conocido por Maximiliano, y todavía más, el siniestro eclipse que en aquellos momentos había oscurecido para siempre la inteligencia de la infortunada Carlota.

El 18 de octubre el periódico oficial publicaba la noticia en los siguientes términos:

> *Última hora.* Tenemos el sentimiento de anunciar que el buque de guerra francés *Adonis* trae el telegrama trasatlántico, comunicando la triste noticia de que nuestra augusta Emperatriz enfermó el día 4 del corriente en Roma, y fue conducida inmediatamente a Miramar. Parece que el mal tiene el carácter de una fiebre cerebral muy grave. Esta nueva ha conmovido profundamente al Emperador.

Grande fue la impresión que produjo aquella noticia. El clero se apresuró a hacer rogativas públicas en las iglesias, pidiendo por el restablecimiento de la desgraciada princesa, y el ministerio dirigió una carta a Maximiliano el día19, en la cual le manifestaba la parte que tomaba en su justo dolor. Aquel inesperado acontecimiento tenía, empero, un alcance político de gravísima trascendencia, y era la abdicación del archiduque. Su resolución se fijó definitivamente al saber la desgracia que pesaba sobre su esposa, pero el voto de sus ministros y consejeros, reunidos en Orizaba, lo conminó a quedarse.

Benito Juárez seguía siendo el presidente legítimo de la República mexicana, y para continuar en el cargo mientras los imperialistas ocupaban la capital, había expedido un decreto prolongando su periodo gubernamental que debía terminar en el año 65 pero que se alargaría "hasta que las circunstancias permitieran la elección del presidente. Juárez, aunque en condiciones nada ventajosas, no había cesado en la lucha contra los invasores franceses, y aun cuando veía que varios puntos de la política de Maximiliano coincidían con la suya, nunca aceptó al gobierno invasor. Para enfrentarlo, Juárez había formado un gobierno itinerante, que peregrinó desde la capital hasta la frontera norte, asentándose temporalmente en San Luis Potosí y Chihuahua, hasta llegar a Paso del Norte, hoy Ciudad Juárez.

Desde estos lugares Juárez fue siguiendo y orientando la acción militar de los ejércitos del Norte, Occidente y Oriente, comandados por Mariano Escobedo, Ramón Corona y Porfirio Díaz, respectivamente.

Como se dijo en capítulos anteriores, el ejército francés de ocupación se hallaba a las órdenes del mariscal Bazaine, y de 1865 hasta 1867 hubo constantes batallas. Al principio el éxito estuvo de parte de las fuerzas europeas, sobre todo en los territorios del centro. Pero la resistencia mexicana nunca decayó y poco a poco la situación fue cambiando a favor de la causa nacional.

Desde 1864 Maximiliano había tenido que plegarse a la política francesa que le impuso Napoleón III a través del mariscal Bazaine. Sin embargo, con esfuerzos logró poco a poco irse desprendiendo de su tutela y se puede decir que trató de llevar una política propia. Si en lo político y en lo militar tuvo que someterse, desplegó en cambio una actividad diplomática personal, la cual ha sido reconocida por modernos estudiosos. En el año 1866, al darse cuenta que perdía apoyo francés, el emperador intenta una política de transición atrayéndose elementos mexicanos en los que nunca tuvo demasiada confianza. Pero después, decepcionado por la incapacidad y deshonestidad de estos mexicanos, se había vuelto hacia los franceses. Había nombrado al intendente general Friaut ministro de Hacienda y al general Osmont, ministro de Guerra, medidas que al principio hubieran producido buenos resultados imponiendo el orden en esas dos áreas, pero que para entonces ya eran tardías y no sirvieron sino para exacerbar el sentimiento nacional.

Mas la anarquía había tomado dimensiones insospechadas: los mexicanos, desertando en masa, engrosaban las filas juaristas; los mismos austriacos y los belgas se negaban a obedecer a los franceses. El desorden tomó tales proporciones que Maximiliano se vio obligado a recurrir a Bazaine y suplicarle que le diera un consejo.

Cuentan que el mariscal no pestañeó. Evidentemente, la partida estaba perdida para los europeos. No había que hacer sino batirse en retirada de la manera más honrosa. Bazaine aconsejó al emperador que siguiera a Carlota y volviese a Austria bajo la protección de Francia. Aun lo invitó a que comunicara secretamente sus intenciones a Benito Juárez, y entrara en tratos con él para asegurar la pacífica repatriación de los extranjeros.

Maximiliano pareció rendirse a tan prudentes razones. Retuvo para él, en el puerto de Veracruz, un aviso inglés donde comenzaron a trasladar poco a poco el menaje imperial. En efecto, ya no había nada que esperar. "Todo es inútil" —había cablegrafiado a Carlota el 4 de septiembre—; y un mes después (4 octubre de 1866) recibió esta carta de Napoleón III:

A mi señor hermano:
Hemos recibido complacidos a la emperatriz, y, sin embargo, me ha sido penoso no poder acceder a las demandas que me ha dirigido. En efecto, estamos en un momento determinante para México, y es preciso que Vuestra Majestad tome una decisión heroica, pues ya ha pasado el tiempo de las medidas a medias.

Empiezo por declarar a Vuestra Majestad que, en lo sucesivo, me es imposible dar a México un escudo ni un hombre más. Establecido esto, se trata de saber cuál será la conducta de Vuestra Majestad. ¿Podrá sostenerse con sus propias fuerzas o se verá obligado a abdicar?

En el primer caso, mis tropas se quedarían, tal como fue convenido, hasta 1867; en el segundo, habría que tomar otras medidas. Vuestra Majestad debería publicar un manifiesto explicando la noble ambición que le había llevado a aceptar el mandato ofrecido por una gran parte del pueblo mexicano, y demostrando después cuáles son los obstáculos invencibles que le obligan a renunciar a la empresa. En ese caso habría que aprovechar la estancia del ejército francés para convocar una representación nacional y elegir un gobierno que ofreciese alguna garantía de estabilidad.

Vuestra Majestad comprenderá cuán penoso me es entrar en semejantes pormenores; pero ya no estamos para hacernos ilusiones, y a toda costa es necesario que la cuestión mexicana, en lo que a Francia se refiere, quede definitivamente resuelta.

Ruego a Vuestra Majestad que esté convencido de que haré siempre todo cuanto de mí dependa para testimoniarle la viva simpatía que le tengo, y para endulzar las penas que necesariamente han de asaltarle en estos momentos difíciles. Renuevo, pues, a Vuestra Majestad, la seguridad de los sentimientos de alta estimación y de sincera amistad con los que soy, etc.

Napoleón.

Poco después, el día 12 de octubre, llegaba el siguiente telegrama:

Su majestad la emperatriz ha sido atacada el 4 de octubre, en Roma, por una grave congestión cerebral. La augusta princesa ha sido conducida a Miramar.

A este telegrama siguió pronto esta última carta de la emperatriz:

Roma, 1º octubre de 1866.
Mi tesoro bienamado:
Me despido de ti; Dios me llama a su lado. Te agradezco la felicidad que siempre me diste.
Dios te bendiga y te conceda la dicha eterna.

Tu afectísima
Carlota

Evidentemente, desde hacía mucho tiempo, los lazos que le unían a su esposa estaban debilitados; pero reconocía que ella había estado muy estrechamente ligada a él, tanto en la fortuna como en la desgracia; por causa de ella se había lanzado a aquella temeraria aventura y bajo sus obsesivas aspiraciones había abandonado su tranquilo retiro de Miramar. Sin embargo, Maximiliano no acababa de decidirse por dejar México. ¿Qué le detenía? Dicen que no se quería ir por los apasionados requerimientos de una mexicana con la que tenía amores en Cuernavaca, quien se oponía determinantemente a su regreso a Europa.

Así, pues, decidió trasladarse a la ciudad de Orizaba para celebrar allí una reunión con sus ministros y consejeros, entonces el clero, temiendo el triunfo de Juárez, le prodigó muestras de una adhesión entusiasta. Él correspondió mandando retirar la escolta francesa y presentándose, por primera vez, como un monarca exclusivamente nacional. Sin embargo, seguían llegando despachos de Europa prometiendo una acogida de las más frías. Declaraban que al archiduque se le había cerrado todo porvenir en el continente, que su hermano no podía soportar la idea de verlo servir de blanco a todos los descontentos, lo cual corroboraba, por otra parte, una fría carta de la archiduquesa Sofía (mamá de Maximiliano).

Esta dama compartía por entero la heroica opinión de su nuera Carlota. De manera despreocupada enteraba a su hijo de que si después de haber abdicado volvía a Europa, se encontraría en Austria en una situación ridícula y humillante. Sería mal recibido, o mejor dicho, no lo recibirían mientras insistiera en llevar el título y no se resignara a volver modestamente a su condición de abnegado austriaco, y ni aun esto era seguro que lo obtuviese. "Vale más enterrarse bajo los muros de México que dejarse disminuir por la política francesa" —concluía la madre de Maximiliano de manera despiadada.

Dicen que esto hubiera bastado para paralizar a Maximiliano, agotado ya por la enfermedad (gonorrea), enervado por libaciones demasiado copiosas y frecuentes, y por los excesos de todas clases; pero estaba también a su lado el padre Fischer, un aventurero alemán, unas veces pastor luterano, otras cuidador de vacas, oficial de notario, buscador de oro, religioso, cura de una parroquia mexicana y consejero íntimo del emperador: funciones, todas ellas, que le habían impedido raptar a la mujer de uno de sus feligreses o huir con la criada del obispo de Durango, del que era secretario. Es muy probable que su influencia haya borrado los últimos escrúpulos de Maximiliano, persuadiéndolo a que se impusiera por una implacable dictadura.

Convencido de que no le convenía abdicar, Maximiliano decide ponerse al frente del ejército imperial para luchar contra los republicanos y vuelve a alcanzar la meseta del Anáhuac entrando a México. En los primeros meses de 1867 propone un sistema personal, arrojándose en brazos de los conservadores a quienes había despreciado en un principio, y constituye un Ministerio con Teodosio Lares de presidente del Consejo; el barón von Magnus, ministro de Prusia, y el padre Fischer, jefe del gabinete imperial. "Un príncipe de mi raza —declaraba Maximiliano— no abandona su puesto en el momento de peligro. ¡Me quedo con ustedes!"

Los imperialistas prometieron cuatro millones de pesos. El padre Fischer, en nombre del clero, prometió cuatro veces más y la rápida conclusión del concordato. Los generales Miramón y Mejía, y Leonardo Márquez "el tigre de Tacubaya", entre otros, ofrecieron su espada y aseguraron que el ejército nacional sería pronto reorganizado. Como era costumbre, el favor popular se desencadenó: repiquetearon las campanas, tocaron las bandas de música y retumbaron los cohetes. Después de este triunfo Maximiliano dejó Chapultepec para instalarse en los alrededores, en la modesta hacienda de la Teja.

Sin embargo, no se hizo esperar mucho tiempo la respuesta de Napoleón III. Telegrafió a su embajador, el general Castelnau:

Repatriad a la legión extranjera y a todos los franceses, soldados y otros, que quieran volver, y las legiones austriaca y belga, si lo desean.

Era una verdadera ruptura. Primero el general, luego el ministro de Francia y después el mariscal Bazaine esforzándose por impedirla, pero nunca lograron ponerse de acuerdo para detener la guerra civil. No obstante, el 14 de enero se celebró una Junta de Notables con la firme intención de continuar el movimiento reaccionario iniciado en Orizaba. De los treinta y tres notables presentes, diecisiete se pronunciaron a favor de la persistencia del Imperio, costase lo que costase; siete votaron en contra y nueve se abstuvieron. La mayoría, por exigua que fuese, decidió redoblar los esfuerzos. El ministro de Hacienda declaró que el Tesoro contaba con un ingreso efectivo de once millones de pesos, ingreso que no tardaría en subir a treinta y seis millones. Mientras tanto, para reunir los recursos necesarios, el emperador se mostró completamente dispuesto a enviar a la Moneda sus cubiertos de plata y sus joyas; poner en venta sus carruajes, sus arreos de lujo y las partes de su mobiliario susceptibles de ser inmediatamente ofrecidas en el mercado. Dilapidación obligada de toda aquella pompa, de todo aquel aparato al que Carlota daba tanta importancia y que nada salvaría.

Por otra parte, el ministro de Guerra, Tavera, informó que pronto tendría disponibles veinte mil efectivos. Miguel Miramón había logrado ya agrupar en Querétaro un ejército de nueve mil hombres, mal vestidos, mal alimentados, pero, "casi disciplinados y dotados de municiones". Mientras tanto, los juaristas seguían avanzando y sus descargas se escuchaban ya en algunos barrios de la Ciudad de México.

Y lo cierto era que el ejército del emperador había disminuido, en número y entrega, al tiempo que crecían las fuerzas republicanas. El territorio imperial se reducía día a día.

Si la cohesión, el orden jerárquico y la disciplina dieron a las fuerzas republicanas la superioridad que les permitió vencer a sus rivales y la autoridad de sus jefes no fue nunca discutida, obedeciendo todos a una sola idea, la de restituir a la Nación su perdida libertad e instituciones republicanas, y acatando un mundo, el de su presidente, en los ejércitos imperiales iban a surgir bien pronto las rivalidades, las diferencias que dividían las opiniones, las desconfianzas y las traiciones. Los políticos confiaban en que la presencia de Maximiliano en medio del ejército "reprimiría las rivalidades y las preferencias entre nosotros cada vez que se hallaban en contacto dos o más oficiales del mismo grado", mas ellos no pudieron prever que las inconsecuencias del emperador hacia el jefe más destacado de sus fuerzas, el de mayor popularidad, el más valiente y leal a sus principios y también el menos cruel, en vez de reprimir esas rivalidades las ahondaría y que la división que él aumentó entre Miramón y Márquez sería funesta para su causa.

En abril, Puebla fue ocupada por Porfirio Díaz, quien acto seguido se dirigió a la capital para sitiarla. Maximiliano se marchó con el grueso de las fuerzas imperialistas a Querétaro, mientras Leonardo Márquez permanecía en la Ciudad de México como lugarteniente. Querétaro sufrió largo sitio en manos de las tropas de Mariano Escobedo. Y finalmente —tomada a viva fuerza por el ejército republicano, según unos; traicionada por el coronel imperialista Miguel López, según otros—, la ciudad cayó el 15 de mayo. Y la entrega de Maximiliano a Corona y a Escobedo ese mismo día, cerraría un ciclo de la vida de México.

Pero veamos cómo sucedieron estos hechos históricos:

A partir de los primeros días de mayo, la suerte de los sitiados estaba decidida. La valerosa salida de Miramón, que desbarató a las tropas del general Ramón Corona y de

Régules en El Cimatorio, fue un alarde de táctica y disciplina, mas los republicanos, con Escobedo y Sóstenes Rocha a la cabeza, en una contraofensiva lograron que los imperiales se replegaran a sus posiciones dentro de Querétaro. Sin embargo, un imponderable decidiría la situación: la traición del coronel imperialista Miguel López, quien facilitó la entrada de los liberales al convento de la Cruz y precipitó con ello los acontecimientos. Maximiliano, acompañado de sus generales Miguel Miramón y Tomás Mejía, se rindió al general Mariano Escobedo. Prisioneros en Querétaro, los imperialistas fueron sometidos a un juicio que se ajustaba a la ley del 25 de enero de 1862, cuyo objetivo era "castigar los delitos contra la independencia de México, contra el orden, la paz pública y las garantías individuales", disposición paralela a la dictada por los imperiales el 3 de octubre de 1864 que disponía se aplicase la pena capital a todos los republicanos que estuviesen armados. Estas disposiciones representaban la radicalización de las posiciones por parte de los dos bandos y era indudable que su cruel aplicación provocó odios y una imposibilidad de reconciliación, por haber contravenido la ley del 25 de febrero de 1867.

He aquí la transcripción de un documento, atribuido al presidente Juárez, con suficientes acusaciones para Maximiliano:

El archiduque Maximiliano de Habsburgo se ha prestado durante cinco años a una obra de iniquidad y traición. Con ayuda de un ejército extranjero ha pretendido violar la Constitución y las leyes de un pueblo libre, sin otro título que algunos votos sin valor; ha hecho pesar sobre la República todas las calamidades. No contento con hacer una guerra de filibusteros, trajo mercenarios austriacos y belgas, súbditos de naciones que no estaban en guerra con la República; promulgó un decreto asesino contra los defensores de la Independencia; hizo proceder a ejecuciones sangrientas, ordenó el incendio de pueblos enteros. Después de la marcha del ejército extranjero, ha seguido sosteniendo, por la violencia y la devastación, su título falso, y no se ha despojado de él hasta no verse obligado por la derrota. El gobierno republicano, en virtud de la ley del 25 de enero de 1862, podría fusilar, por la simple comprobación de identidad, a los culpables cogidos en flagrante delito. Sin embargo, los hace comparecer ante un Consejo de Guerra, donde podrán libre y públicamente presentar su justificación.

El 5 de junio, los señores Hoorickx y Magnus, ministros de Bélgica y de Prusia, respectivamente, y Forest, cónsul de Francia en México, llegaron a Querétaro dispuestos a hacer cuanto pudieran para salvar al emperador. Lo encontraron en una estrecha celda del convento de la Cruz, situada en el extremo de un largo corredor del primer piso, vigilada por una multitud de soldados armados. El archiduque, tendido en un camastro, transformado a causa de sus angustias, de sus dolores, de la enfermedad, contemplaba con apagado mirar a sus visitantes, a quienes les comunicaba sus futuros planes, cuando saliera de ahí. Dicen que en ningún momento olvidó a sus leales servidores: Miramón, Mejía y Aguirre.

Además de los embajadores extranjeros, las amigas de los príncipes se esforzaron por conseguir clemencia para los condenados. La bellísima joven norteamericana Inés Le Clerq de Salm Salm, casada con un oficial alemán adicto a Maximiliano, visitó a Juárez en el Palacio de Gobierno de San Luis Potosí, quien de rodillas le suplicó. Cuentan que el presidente se conmovió pero que Lerdo de Tejada le recordó sus deberes: "Ahora o nunca, señor" —le dijo—, y entonces respondió a la ilustre dama: "Me causa verdadero dolor, señora, verla así de rodillas, mas aunque todos los reyes y todas las reinas estuvieran en vuestro lugar, no podría perdonarle la vida. No soy yo quien se la quita; es el pueblo y la ley quienes piden su muerte".

Pero doña Inés no cejó en su propósito y se dirigió entonces a Margarita de Juárez para solicitar su intervención frente al presidente, lo que se estilaba en esa época: "Princesa —dicen que le dijo ésta cuando aquélla le solicitó que ablandara el corazón de su marido, el presidente—, el asunto que os trae a mi presencia es verdaderamente muy doloroso y me llena de profunda pena y créame sinceramente que la compadezco. Lamento de verdad no poder obsequiar sus deseos porque he de hacer saber a usted que en los asuntos de gobierno Benito es el que ordena y es el capacitado para atender su petición. Respecto a mí, puede usted disponer del mobiliario y utensilios de cocina de ésta su casa".

Hubo también una tentativa de evasión muy bien organizada por la princesa de Salm Salm pero fracasó, dicen, por culpa de la apatía de Maximiliano, que siempre ponía pretextos y nunca se mostró dispuesto para disfrazarse. Dicen que, finalmente, lograron sobornar al coronel Palacio que mandaba al regimiento de guardia y al coronel Villanueva, encargado del servicio nocturno, quienes prometieron "hacerse de la vista gorda" mediante cien mil pesos cada uno, más, aparte, repartir ocho mil pesos entre los soldados. "¡Ese proyecto de evasión, a estas alturas, es insensato!" —comentó Maximiliano. Así, pues, nada sucedió.

Un tribunal integrado por Platón Sánchez, teniente coronel republicano, y don Manuel Aspiroz como fiscal, juzgó a los reos. Maximiliano fue defendido por Mariano Rivapalacio y Rafael Martínez de la Torre, así como por Eulalio María Ortega y Jesús María Vázquez. El juicio se llevó a cabo en el escenario del teatro de Querétaro, donde se instalaron una mesa, algunas sillas y unos bancos para los acusados: el reservado a Maximiliano era más bajo que los otros dos.

Una multitud de curiosos se amontonó en las butacas y en los palcos del teatro. Empezaron con los generales Miramón y Mejía, quienes estaban rodeados de soldados con bayonetas caladas. El emperador, muy enfermo ya, se había negado a comparecer ante el Consejo. El 14 de junio el tribunal condenó a pena de muerte a los acusados. La convicción íntima y dolorosa de que sólo a través de su desaparición se lograría pacificar a México y evitar la reiniciación de otros atentados contra la independencia del país llevó al gobierno a denegar el indulto.

El 14 por la mañana los ministros extranjeros presentes en Querétaro fueron brutalmente detenidos y llevados ante Mariano Escobedo. "Tienen ustedes dos horas para abandonar el país —les dijo—. Aquí están sus pasaportes. Si pretendiesen volver serían fusilados".

Los esfuerzos de los abogados y de los diplomáticos fueron vanos, así como las cartas pidiendo a Juárez clemencia escritas por los simpatizantes de la causa republicana como Víctor Hugo y Garibaldi. En vísperas del día señalado, Maximiliano dirigía a Juárez esta súplica:

> Desearía que se perdonasen las vidas de Miguel Miramón y don Tomás Mejía, que anteayer sufrieron todos los dolores y las amarguras de la muerte, y que fuese yo la única víctima, como lo pedí en el momento en que me hicieron prisionero.

Después, el mismo Escobedo enviaría un mensaje a la princesa de Salm Salm pidiéndole que se marchara de Querétaro lo antes posible porque "se había extendido una epidemia de tifus".

Todos los amigos tuvieron que partir y sólo se quedaron con Maximiliano sus compañeros de condena. El emperador escribió al Santo Padre, pidiéndole perdón, y dio gracias a sus defensores y a sus antiguos y leales aliados. Y también le escribió a Juárez una última súplica:

El Castillo de Bouchot, morada de los últimos 48 años de vida de Carlota, emperatriz de México.

Haga usted que mi sangre sea la última vertida y consagre esa perseverancia que ha puesto usted en defender la causa que acaba de triunfar, y que me complací en reconocer y estimar en medio de la prosperidad, a la tarea más noble de reconciliar los espíritus y de fundar la paz en este infortunado país.

Y por último escribió al encargado de negocios de Austria:

Querido barón de Lago:
He esperado la muerte, tranquilo, y quiero gozar también de tranquilidad en el sepulcro. Obre usted, querido barón, de manera que el doctor Bash y mis criados que tomen mi cadáver bajo su custodia sean transportados con él a Europa en uno de los dos barcos de guerra que lo han de llevar. Allí quiero ser enterrado al lado de mi pobre mujer. (Parece que le dijeron a Maximiliano que Carlota ya había muerto).

Maximiliano, Miramón y Mejía fueron conducidos al pie del cerro de las Campanas y fusilados a las siete de la mañana del 19 de junio. Otros defensores del Imperio, como Méndez, Vidaurri, O'Horan y muchos más, fueron también ejecutados en diversos días. El general Márquez, que trató de defender Puebla y México de los republicanos, y había sido uno de los más valiosos sostenes del Imperio, salvó su vida y pasó sus últimos días en La Habana. El destino había sido fatídico para el emperador y sus lugartenientes.

III

Epílogo

Tal como se había prometido, el cuerpo de Maximiliano fue entregado al embajador austriaco quien lo mandó vaciar y embalsamar para enviarlo a su patria. Volvió a Europa con todos los honores debidos en su efímera realeza. El 19 de enero de 1868, Viena le hizo funerales imperiales. Fue la última, y no la menos impresionante de las pompas solemnes en que este príncipe, fusilado a los treinta y cinco años, había estado en su corta vida de soberano. Yace en la cripta familiar de los Capuchinos en Viena.

Carlota se encontraba en Bélgica, en el castillo de Terveuren, tranquila, resignada, apacible al lado de su cuñada la reina María Enriqueta, en una habitación de la planta baja, cuando llegó el señor Hoorickx y le notificó que su esposo había muerto: "El emperador murió con el valor de un hombre y la dignidad de un príncipe" —le dijo.

Hoorickx depositó respetuosamente en la mesa las últimas reliquias: el testamento de Maximiliano y el reloj que le habían quitado del chaleco antes de la ejecución. Dicen que Carlota no quiso ver nada y se retiró corriendo, dando lastimosos gritos.

La religión, que tanto había representado en su vida, fue lo único que pudo calmarla. El padre Dechamps, que entonces acababa de ser nombrado arzobispo de Malinas y primado de Bélgica, supo hablarle en términos tan elevados y conmovedores que Carlota prorrumpió en sollozos, interrumpiéndose únicamente para suspirar.

Cierto era que en los comienzos de 1868, pareció que Carlota volvía a un estado normal. Se puede juzgar de ello por la carta que el 28 de enero dirigió a la condesa de Hulst para darle las gracias por su pésame:

> El lenguaje de su afecto maternal me ha sido grato en medio de mi profundo dolor. Como usted dice, sólo Dios tiene consuelos para tales pérdidas que destrozan

en un día la felicidad de toda la vida. Ruéguele mucho por mí; pídale por aquel que, durante diez años, me hizo dichosa, para que se cumpla siempre su santa voluntad.

Cuando me traslado con el pensamiento a aquella noche que precedió a mi casamiento, y que pasé con usted, ¡cuán lejos estaba yo de prever que todas aquellas alegrías iban a ser tan cortas, y aquella unión rota tan pronto! Dios sabe lo que hace. Sin duda, le ha parecido que mi amado emperador había merecido ya la eternidad, y no ha querido hacerle esperar la recompensa. Seguramente, es imposible ver un fin más bello y más cristiano, que, si es permitido hacer esta comparación, más relación haya tenido con el sacrificio realizado en el Calvario.

Si así trataron los hombres al Hijo de Dios, ¿cómo asombrarse de que no hayan perdonado tampoco al rey cuyo único crimen fue hacer el bien y sacrificarse por la salvación de los demás?.

El diagnóstico de su demencia define una psicosis intermitente que la llevó a un estado maniaco depresivo del que no logró recuperarse nunca. Para la gente que la atendía y para el pueblo en general, simplemente estaba loca. Sin embargo, cada vez fueron más frecuentes sus momentos de sombra que de luz, y la curación esperada nunca llegó. Pasaba los días platicando con un maniquí de trapo, tamaño natural, al que llamaba "Max", a quien titulaba "amo de la tierra y soberano del universo". A veces, le daban ataques repentinos de llanto frente a un muñeco de trapo; entonces parecía que recordaba todo y comenzaba a repetir: "Yo soy quien debe ser culpada de todo, mi querido bienamado... Tus miradas están sobre mí dondequiera que yo esté, y oigo dondequiera tu voz". Luego, sonriendo otra vez, se sentaba al piano e interpretaba para "Max" su melodía favorita: el Himno Nacional Mexicano.

Carlota arrastró durante sesenta años esa existencia semiinconsciente. El 5 de abril de 1879 fue trasladada a Bouchout —una fortaleza medieval del siglo XIII, ubicada en medio del espeso bosque cercado por una reja de hierro—, donde su razón atormentada no cesó de hundirse en tinieblas, cada día más densas. Tenía largos periodos de mutismo. Parecía entonces que el bienhechor olvido había disipado definitivamente aquellos fantasmas desesperados que ocupaban su recuerdo; pero de repente empezaba a hablar, y daba a entender que no se veía libre de sus terribles obsesiones.

Dicen que si le hacían esperar un poco para ejecutar sus órdenes, decía con voz aguda: "Cuando yo reinaba, levantaba el dedo y acudía la camarera". También, con frecuencia solía dirigirse a un interlocutor imaginario: "No haga usted caso, caballero, si digo algún desatino. Sí, señor, ya soy vieja, una bestia, una loca".

Raras veces, muy raras, se podía advertir que lo pasado, el pasado suntuoso, magnífico y sangriento, se reconstituía en el cerebro atrofiado de la princesa.

"Caballero —decía con volubilidad— le han dicho a usted que tuve un esposo; un esposo, señor, emperador o rey. Un gran casamiento, caballero, y después, la locura. La locura es efecto de los acontecimientos. ¡Caballero, usted es la causa del asesinato! ¡Maximiliano, archiduque, Casa de Habsburgo! ¡Canalla, miserable!... Napoleón, un gran instigador para gobernar... ¡Ah! ¡Si le hubiese ayudado Napoleón...!"

Pero se dice que semejantes visiones duraban poco y después de largos silencios, Carlota suspiraba y murmuraba: "¡Yo también he de morir! *Miserere mei Deus*..."

Así pasaron más de sesenta años desde aquel día en que dejó México y regresó a Europa, y sesenta de que Maximiliano había vuelto a Austria, muerto; y cuarenta y ocho de ser la loca de Bouchout hasta que se le acabó el tiempo y un helado día de enero dejó de existir. Tenía 87 años. Concedieron a sus restos mortales los honores y la pompa que ella hubiera podido desear. Las Cámaras de diputados y senadores belgas levantaron la sesión en señal de duelo. La corte guardó luto durante diez semanas. En la cámara imperial de Bouchout, transformada en capilla ardiente, velaron a la emperatriz; la colocaron en un lecho de roble, cubierto por un alud de rosas y de ciclaminos, coronado por un alto dosel azul celeste. Junto a ella su real familia veló y rezó.

Al día siguiente se celebraron los funerales, que fueron muy sombríos en su soledad. Una carroza fúnebre adornada con las insignias de las armas imperiales, se llevó el cadáver de Carlota, a través de las borrascas de nieve, hasta la iglesia parroquial de Meysse. El rey Alberto I iba detrás con los príncipes Leopoldo y Carlos, el conde de Mérode, gran Mariscal de la corte; el general barón de Goffinet, gran maestre de la casa de la emperatriz, y el burgomaestre del país. En la pequeña iglesia aguardaban la reina Isabel, las princesas, la duquesa de Vendôme, la princesa Genoveva de Orleáns, la condesa de Chaponay... ¿No era una de las últimas princesas de Francia la que se iba?

Monseñor van Roey, arzobispo de Malinas, sucesor del ilustre cardenal Mercier, dio la bendición.

Sobre el féretro de la princesa belga se leía:

Su Majestad la emperatriz
María Carlota, Amalia, Augusta,
Victoria, Clementina Leopoldina,
princesa de Bélgica.
Nació en Laeken el 8 de junio de 1840,
falleció en el Castillo de Bouchout
el 19 de enero de 1927,
viuda de Su Majestad Imperial
el archiduque Maximiliano de Austria,
emperador de México.

TÍTULOS DE ESTA COLECCIÓN

Este libro se terminó de imprimir en el mes de
Noviembre de 2003, en Litográfica Ingramex, S.A.
de C.V., Centeno 162, local 1, Col. Granjas
Esmeralda, 09810 México, D.F.

Certificado No. 02-2082